文庫
7

吉田 裕

# 日本人の戦争観

## 戦後史のなかの変容

岩波書店

# 目　次

# 第一章　歴史意識と政治

## ——九〇年代における政策転換——

## 変化の中の戦争責任問題

一九九三年八月二三日、細川護熙《もりひろ》首相は就任後最初の所信表明演説の中で、「過去の我が国の侵略行為や植民地支配などが多くの人々に耐え難い苦しみと悲しみをもたらしたことに、改めて深い反省とおわびの気持ちを申し述べる」と発言し、内外の大きな注目をあびた。また、同首相は一一月六日の韓国の金泳三大統領との首脳会談の席上でも、かつての日本帝国主義による植民地支配の問題に積極的に言及し、「加害者として心から反省し、深く陳謝したい」と述べて、植民地統治の責任をきわめて明瞭な形で認めた。

八月一〇日の記者会見では「侵略戦争」と明言していたのが、この所信表明演説では「侵略行為」という表現に後退しているなど、無視しえぬ変化が生じている。また細川首相のいう戦争がアジア・太平洋戦争(一九四一～四五年)だけを意味しているのか、あるいは満州事変(一九三一～三七年)、日中戦争(一九三七～四一年)など、それに先行する諸戦争をも包含しているのかという点も必ずしも明確ではない。とはいえ、敗戦からほぼ半世紀ちかい年月をへて、日本政府は日本の戦争責任をまがりなりにも認める方

**表1　戦争観と戦後補償問題に関する世論調査**

九州7県と山口県の成人男女1000名を対象に実施，回収率100％

・細川首相は記者会見で「太平洋戦争は侵略戦争であり，間違った戦争だった」と言いましたが，あなたはどう思いますか．

| | |
|---|---|
| そうだと思う | 50％ |
| 大体そうだと思う | 9 |
| あまりそうだとは思わない | 8 |
| そうだとは思わない | 8 |
| わからない | 24 |
| 無回答 | 1 |

・細川首相は国会の所信表明演説で過去の侵略行為や植民地支配に深い反省とお詫びの気持ちを表しました．あなたは侵略行為や植民地支配の犠牲者に今後，何らかの金銭的な償いが必要だと思いますか．

| | |
|---|---|
| 必要だ | 34％ |
| ある程度は必要だ | 21 |
| あまり必要ではない | 9 |
| 必要ではない | 20 |
| わからない | 15 |
| 無回答 | 1 |

(『「毎日・世論フォーラム」月報「よろん」』1993年9月号)

向に舵をきったのである。

その一方で、世論の中にも大きな変化が生じつつあるようにみえる。例えば、表1は毎日新聞社が九二年九月に九州七県および山口県で実施した世論調査の結果を示しているが、アジア・太平洋戦争が侵略戦争であると認識している人の割合は、「そうだと思う」「大体そうだと思う」をあわせるならば全体の五九％に達している。さらに、戦後補償の問題でも「何らかの金銭的な償い」の必要性を認識している人々の割合は、「必要だ」「ある程度は必要だ」をあわせて五五％に達している。

また、朝日新聞社が同年一一月に実施した世論調査でも同様の傾向がはっきり現われている。具体的に見てみると、先の細川首相の所信表明演説を「評価する」とした者が七六％にのぼったのに対し、「評価しない」は一五％、「その他・答えない」が九％、戦後補償の問題では、「事柄によって応じるべきだ」が五一％、「応じる必要はない」が三七％、「その他・答えない」が一二％である（『朝日新聞』九三年一一月一三日付）。つまり、いずれの調査をみても、かつての戦争の侵略性を認め、補償問題でも何らかの形で要求に応じるべきだとする人々が、多数派を形成しつつあるのである。

このような変化は確かに新しい時代の始まりを確実に予感させる。しかし、こうした転換を演出した政治家たちの意識の中に、戦争責任や加害責任の自覚はどれだけ根づいているのだろうか。あるいは、このような転換にみあう形で、一五年戦争に対する歴史意識の深まりが国民意識のレベルではたしてどれだけみられるのだろうか。こうした問いを念頭に置く時、私たちは、変化の中に潜むある種の「あやうさ」に気づかざるをえない。

## 転換の持つ政治的意味

就任後最初の記者会見における細川首相の「侵略戦争」発言に関していえば、連立政権内部の充分なコンセンサスなしに、この発言が行なわれた事実が指摘できる。この間の事情をよく伝えているのは、九四年六月一七日付の『朝日新聞』の記事「『侵略発言』だれが演出」と同年四月二五日付の『毎日新聞』の記事「『大国』路線歩む新生党」だが、これらの報道によれば、首相の「侵略戦争」発言自体が日本新党内部での充分な論議の積み重ねの上になされたものではないこと、連立与党間の根まわしも充分でなく羽田 孜《つとむ》外相は「『侵略戦争』とまで言うとは、思ってもみなかった」と周辺に漏らしていたことがわかる。したがって、自民党や日本遺族会の猛烈な反発をうけると細川首相は「侵略戦争」発言を事実上撤回し、すでにみたように所信表明演説では「侵略行為」という表現を使うようになる。

こうした軌道修正は、細川内閣の後継内閣である羽田内閣では、より明確な形をとって現われることになった。羽田首相は九四年五月二〇日の参議院予算委員会で、谷畑孝議員（社会党）の質問に次のように答えている。

　この戦争そのものについて侵略的な行為があったということ、これについては私も認めるところであります。

　実は、侵略戦争という言葉と用語の意味につきまして、これはどういうもので確定されたというものはございません。

ただ、私どもこうやって振り返ってみて、やっぱりその結果としてまさに侵略的な行為であったということ、……このことによってそれぞれの国に耐えがたい苦しみとか悲しみというものを与えてしまったということ、これを反省し、率直にその皆様方に対しておわびしながら、……今日の五十年を迎えてきているわけであります……。

さらに、五月二四日の衆議院予算委員会では、なぜ「侵略戦争」といえないのかと追及する志位和夫議員（共産党）に対して、「侵略戦争という言葉は、何で侵略行為というのでいけないのでしょう」と逆に反問している。これに対して志位議員から、「侵略行為ということになりますと、これは個々の軍隊が出先でいろいろとまずいことをやった、不法なことを働いた、そういう個々の行為の問題だという言い抜けもできるんですね。……しかし、侵略戦争ということになれば、あの戦争の全体の性格、目的が侵略であったという戦争の全体の認識になるんですよ。これは全く次元が違うんです」と指摘されると、この論戦に深入りするのを避け、結局、最後は「私は、あなたのような学問をされる、あるいはそういう追求する型の人間じゃありません……。ですから、そうやって一つずつ詰められれば、何というのですか、いろいろな問題があるかもしれません」とひらき直りとも思える答弁を行なっている。

つまり、羽田首相は、「侵略戦争」という認定は一貫して拒否しつつ、結果として日本の行為が周辺諸国に大きな惨害をもたらしたことを反省し謝罪すると主張しているのである。いわば、「結果としての侵略戦争」論であり、そこには戦争責任問題に関する細川内閣の基本政策を継承しながらも、「侵略戦争」発言の波及効果を最小限に押しとどめようとする意図を読みとることができる。

なお、羽田内閣のあとをうけて九四年六月三〇日に成立した村山内閣も、連立政権内部の自社両党の力関係を反映して、基本的には前内閣のこうした政策を忠実に継承している。事実、七月一日の最初の記者会見で村山富市首相は、「あれだけ大きな惨禍をもたらした日本の責任は十分、謙虚に反省する必要がある」と述べるにとどまり、「侵略戦争」と明言することを避けている。また、七月一八日の最初の所信表明演説の中でも「侵略行為」という表現をあえて用いているのである。

それでは、政治家の言動の中にこのようなブレが生じるのはなぜだろうか。本書全体の結論を先取りしていうならば、戦争の侵略性や加害性をまがりなりにも認める方向での政策転換が、はっきりした歴史観や戦争観によって裏打ちされていないからということになるだろう。言葉をかえていえば、政策転換の必要性に対する認識がまず初めにあって、そこから従来の歴史観の一定の見直しが導き出されるような関係、端的にいえば、現実の政治的必要性に歴史観が従属するような関係が、そこには明らかに存在しているのである。

この点で、きわめて示唆的なのは細川・羽田両連立内閣の「真の舞台監督」であった小沢一郎新生党代表幹事の著作『日本改造計画』(講談社、一九九三年)である。小沢は、この本の中で、「日本がアジア・太平洋地域の一員であり、この地域が日本外交の最重点地域であることはいうまでもない。……しかし同時に、この地域には日本に対して『歴史』の記憶に由来する不信と警戒も存在している。政治面で日本がアジア・太平洋重視の外交を進めるにあたって、その出発点ともいえる地域内の信頼確保のために、避けることができないのが『歴史』問題である」とした上で、「過去の歴史の一面として、日本がかつてこの地域の侵略者となった事実を否定するわけにはいかない」(傍点—引用者)と指摘している。

小沢はその一方で、「この地域に対する日本の歴史が侵略者の一面だけでないこと」「かつての日本にも地域との共生をめざす動きがあったこと」を強調しており、そこには明らかに、羽田首相の「結果としての侵略戦争」論と同質の歴史認識が示されている。

こうした小沢の議論の中で特に注目しておく必要があるのは、彼の問題意識の根底に、アジア地域で日本が積極的なリーダーシップを発揮する際の政治的障害としての戦争責任問題、という発想が感じられることである。したがって、そこで強く意識されているのは、アジア諸国の世論にいかに効果的にアピールするかということだけであって、戦争の侵略性や加害性を認める方向での政策転換にみあう形で、日本人自身の意識改革をいかに行なうかという問題関心はきわめて希薄である。具体的にいうならば、学校教育における近現代史教育の重視といった問題や、戦争と植民地支配にかかわる歴史史料の調査と公開という問題などは、ここでは全く視野の外に置かれているのである。

細川護熙編『日本新党 責任ある変革』(東洋経済新報社、一九九三年)がほぼ同様の立場に立っていることを考えあわせるならば、細川連立内閣における政策転換は、あくまで対外的な政治的必要性によって動機づけられたものだといえるだろう。

## 中曽根内閣の重要な位置

対外的な政治的必要性に基づく転換という角度からみた時、見逃すことのできないのは、細川内閣における政策転換も実は自民党政権時代との連続性の中でとらえることができるという問題である。実際、細川内閣ほど明確な形ではなかったにせよ、一五年戦争の侵略性をまがりなりにも認めた最初の内閣は、一九八二年一一月に成立した中曽根康弘内閣だった。もちろん、この内閣が当初からそうした政策をとったわけでは決してなかったが、首相の「タカ派」的性格が内外からの厳しい批判にさらされてからは、同内閣は明らかに現実主義的なスタンスをとった。戦争責任の問題にしても、中曽根首相は、八六年九月一六・一七日の衆参両院の代表質問に対する答弁の中で日中戦争の「侵略的」側面を強調して注目をあび、同内閣の後藤田正晴官房長官も、八月一九日の衆議院内閣委員会で、日本政府がサンフランシスコ講和条約の第一一条で東京裁判の判決を受諾している事実をあらためて再確認し、これを内閣の統一見解であるとした。

この間の経緯については後に詳しくみることにするが、中曽根内閣がこのような軌道修正を行なった背景にあるのは、日本が「経済大国」のみならず「政治大国」としてもアジア地域の中で大きなリーダーシップを発揮するためには、どのような措置が有効であり現実的かという問題意識だろう。ここから、侵略戦争の犠牲者となったアジア諸国の間に日本の政治・軍事大国化に対する強い警戒心が存在していることを重視し、そうした障害を除去するための「手段」として戦争責任の問題を「清算」しようというアプローチが生まれる。具体的には、戦後補償の問題についてはサンフランシスコ講和条約や賠償に関する当事国との二国間協定などによってすでに決着がつけられているとして新たな補償要求は拒否しつつ、かつての戦争に対する日本の戦争責任だけは一応認め、必要最小限度の「謝罪」を行なうという形での新たな政策的対応である。

中曽根内閣の段階で行なわれたこのような軌道修正は、程度の差こそあれ、その後の自民党内閣によって基本的には継承されてゆくことになるが、歴代の内閣の中でも、そうした姿勢をはっきりと示したのは、八九年八月に成立した海部俊樹内閣だろう。特に、海部首相が九一年五月三日に東南アジア歴訪中のシンガポールで行なった政策演説は、注目すべき内容を持っている。すなわち、この演説の中で海部首相は、「我が国が今後、より積極的な政治的役割を果たすに当たり、想起すべきは過去の歴史認識の問題だ」として、政治的リーダーシップと歴史認識との関連について明確に言及した上で、「今年は、太平洋戦争の開始から五十年の節目に当たり、私はあらためて今世紀前半の歴史を振り返り、多くのアジア・太平洋地域の人々に、耐えがたい苦しみと悲しみをもたらした我が国の行為を厳しく反省する」と述べたのである（『朝日新聞』九一年五月四日付）。

このようにみてくると、細川内閣における政策転換は実は自民党政権時代にすでに準備されていたものであって、植民地統治の責任を明確な言葉で認めた以外は、同内閣の施策は自民党政権の延長線上にあったことがわかる。事実、細川内閣は戦後処理問題の要をなす補償問題についても、九三年八月一九日の閣僚懇談会の席上で、「国家間の補償問題は決着済み」とする従来の日本政府の方針を踏襲してゆくことを確認している（『朝日新聞』九三年八月二〇日付）。

## 世論の変化が意味するもの

以上、政府レベルでの転換の持つ意味について考えてみたが、世論の変化に関しても、ある種の不透明さが感じられる。かつての戦争を侵略戦争であると明確に認識している人々が多数派を形成しているのであれば、羽田首相の「侵略行為」発言に対してもう少し厳しい反発があってもよさそうなものだが、世論の反応はほとんどみられないし、マスコミもこの発言をあまり問題にしていない。

この点で、この問題を考える際の手がかりになるのは、八二年一〇月にNHK放送世論調査所が行なった、「日本人の平和観」に関する世論調査である(表2)。この調査で注目に値するのは、明治以降の日本の対外的膨張を、「侵略の歴史だ」とみなす人が五一・四%に達する一方で、「資源の少ない貧しい日本が、他国に軍事進出して行ったのは、生きるためのやむを得ない行為だった」とする人が四四・八%にも達している事実である。「やむを得ない」「しかたのない」戦争であるのなら、そこには「責任」という観念が生じるはずもない。恐らくは、そのことの直接の結果として、「一般国民の戦争責任」についての質問では、「国民に責任はない」とする人が三六・三%で、第一位を占めている。また、太

### 表2 「日本人の平和観」調査

全国16歳以上の国民を対象，有効回収数2623人(回収率72.9%，単位%)

・日本は，明治から昭和20年の敗戦まで，数多くの戦争や領土拡張を行ってきましたが，あなたは，これを，どのように評価していますか．〔回答票〕のAからDまでのそれぞれについて，〔回答票〕の1,2,3の中からお答えください

(A) 日清戦争から太平洋戦争までの50年の日本の歴史は，アジア近隣諸国に対する侵略の歴史だ

(D) 資源の少ない貧しい日本が，他国に軍事進出して行ったのは，生きるためのやむを得ない行為だった

(C) 朝鮮・韓国人や中国人に対する，明治以来のひどい差別・迫害や忌まわしい虐殺事件については，日本人として，心から反省すべきだ

(D) 太平洋戦争が，欧米諸国の圧制に苦しんでいたアジア諸国の独立回復を早めた点は，評価すべきだ

| | (A) | (B) | (C) | (D) |
|---|---|---|---|---|
| そう思う | 51.4 | 44.8 | 82.5 | 45.5 |
| そうは思わない | 21.9 | 38.7 | 5.2 | 25.1 |
| 昔のことだから，自分には関係ない | 10.4 | 4.7 | 4.2 | 5.5 |
| わからない，無回答 | 16.3 | 11.9 | 8.2 | 23.9 |
| 計 | 100.0 | 100.0 | 100.0 | 100.0 |

・あなたは，昭和6年から15年に及んだ日中戦争・太平洋戦争について，一般国民の戦争責任を，どのようにお考えでしょうか．〔回答票〕のように分けると，あなたのお考えは，どれに近いでしょうか

| | |
|---|---|
| 一般の国民は，軍国主義の教育や情報にだまされ，ひどい目にあった被害者であって，国民に責任はない | 36.3 |
| 当時の国民は，大部分が軍国主義の賛美者・協力者であって，少なくともアジアの人々に対しては，加害者である | 29.5 |
| あの戦争は，日本の自衛とアジアの平和のためにやったものであって，軍国主義だとか，被害者だ加害者だというような問題ではない | 17.6 |
| その他 | 0.5 |
| わからない，無回答 | 16.1 |
| 計 | 100.0 |

(内閣総理大臣官房広報室編『全国世論調査の現況・昭和58年版』大蔵省印刷局，1984年)

平洋戦争が「アジア諸国の独立回復を早めた点は、評価すべきだ」としている人が四五・五％に達している事実も見逃すことができない。

つまり、ここには、羽田首相の「結果としての侵略戦争」論とひびきあうような意識の構造がくっきりと現われている。後に詳しくみるように、このような国民意識のありようは、その後、現在に至るまで基本的には変わっていない。羽田首相の「結果としての侵略戦争」論に対する世論の沈黙の背景には、こうした意識構造が横たわっているとみるべきだろう。

また、先にふれた朝日新聞社の戦後補償問題に関する世論調査でも、確かに若い世代ほど補償について肯定的という注目すべき傾向が現われている。具体的に見てみると、補償要求に対する政府の対応についての回答では世代間の差が著しく、二、三〇代では七〇％近くが、「事柄によっては応じるべきだ」としているが、五〇歳以上の戦争体験世代では「応じる必要はない」が四〇％をこえ「応じるべきだ」を上まわっている。しかし、この世論調査のより詳しいデータを収録した朝日新聞戦後補償問題取材班『戦後補償とは何か』(朝日新聞社、一九九四年)を見てみると、設問によっては微妙な結果が出ているのがわかる。表3は戦後補償問題への関心を聞いたものだが、若い世代の方が「あまり関心はない」と答える人の割合が高いことに気がつく。つまり、若い世代ほど戦時中の価値観や思想にとらわれていない分だけ自由で柔軟な対応が可能になるとは必ずしもいえず、むしろ、無関心層が少なくないのである。世代がさがるほど戦争に関する当事者意識が希薄であり、また学校教育の場で戦争の生々しい実態について教えられることがほとんどないことを考えるならば、これはある意味では当然の結果だといえよう。

**表 3　戦後補償問題への関心**

全国，20 歳以上の国民 3000 名を対象にして実施，有効回答率 77%

先の戦争で非人道的な扱いや差別的な待遇を受けたとして，日本の当時の植民地や占領した国の人，捕虜になった人が，日本政府に償いを求めてきています．あなたは，こうしたいわゆる「戦後補償」の問題に関心がありますか．あまり関心はありませんか．

| | 関心がある | あまり関心はない | その他・答えない |
|---|---|---|---|
| 全体(%) | 57 | 37 | 6 |
| 20〜24 歳 | 54 | 44 | 2 |
| 25〜29 | 49 | 49 | 2 |
| 30〜34 | 61 | 36 | 3 |
| 35〜39 | 56 | 41 | 3 |
| 40〜49 | 59 | 38 | 3 |
| 50〜59 | 59 | 35 | 6 |
| 60 歳以上 | 58 | 31 | 11 |
| 男　性 | 59 | 37 | 4 |
| 女　性 | 56 | 37 | 7 |

(朝日新聞戦後補償問題取材班『戦後補償とは何か』朝日新聞社，1994 年)

太平洋戦争は「侵略戦争」か否かを聞いた毎日新聞社の先の世論調査でもほぼ同様の傾向が現われており、「若い世代では『わからない・無回答』の多さが目立ち、六〇代以上の五人に一人が、二〇代では三人に一人に上る」と指摘されている。

以上のような諸事実を考慮に入れるならば、世論の変化が意味しているのは、戦争責任や戦後処理の問題をめぐって厳しい対日批判が厳然として存在していることを自覚し、これに現実的に対応していこうとする人々が増えているという事実であって、そのことはそのまま日本人の歴史観や歴史意識の深まりを意味していないとみることもできる。

## 反米ナショナリズムの陥穽

ところで、世論の動向に関連して、ここで注意を払う必要があるのは、八〇年代から九〇年代にかけて、日本人の中に台頭してきた「嫌米感情」という名の反米ナショナリズムの問題である。外務省は、日米安保条約改定三〇周年の事業の一環として、「米国の内外情勢の日米安保体制に及ぼす影響」と題する研究を佐藤誠三郎東大教授を中心にした学者グループに委託していたが、その中間報告は、「日本で反米意識という形のナショナリズムが高まりつつあり、日米安保体制を動揺させる可能性が出てきた」と警告していると報じられている(『朝日新聞』九一年三月一九日付)。事実、毎日新聞社が同年一〇月に日米両国で同時に実施した世論調査によると、日米安保条約については米国で「強化」「維持」を主張する人が四五%で、「縮小・将来廃棄」「ただちに廃棄」の三三%を大きく上まわったのに対し、日本では「縮小・将来廃棄」が四二%でトップを占めている(『毎日新聞』九一年一二月一六日付)。その後も、同様の傾向を示した世論調査がいくつか現われており、日本人の意識の深い所で、ある変化が生じつつあることを予感させる。

問題は、このような反米ナショナリズムが日本人の戦争観にも微妙な影響を及ぼしつつあるようにみえることである。この反米ナショナリズムと戦争観の関係を最も端的な形で示しているのは、自民党の石原慎太郎衆院議員の場合だろう。石原議員は九三年一〇月五日の衆院予算委員会で、四一年一二月に開始されたアジア・太平洋戦争の性格を、日本の対中国戦争、東南アジアに植民地を保有する欧米列強と日本との戦争、戦争末期のソ連の対日参戦によって開始された日ソ戦争の三つに区分した上で、日ソ戦争がソ連の対日侵略戦争であったことを強調しながら、「日本と同じ植民地主義でアジアにも出張ってきた列強」との戦争である二番目の戦争の性格について、次のように細川首相を追及した。

私たちが戦争に敗れはしたけれども、敗者としてオランダやフランスやアメリカやイギリスに謝罪する、……今改めてそういう謝意を抱く必要はどこにもない。全くこっけいなことで、同罪ではあっても、どちらの罪が重い、軽いという問題は、比較にならない。

だから私は、先ほど言った太平洋戦争の第二の要因である、つまり植民地主義の列強と日本がこの太平洋地域で相まみえた、その戦争に敗れた責任というものを、今この時点で改めて謝罪という形で国民が胸にする必要は毛頭ない、私はそう思いますけれども、いかがですか。

欧米列強に対する戦争の性格を、戦争の他の性格と区別して把握しようとする発想自体は、竹内好が、「近代の超克」(『近代日本思想史講座7』筑摩書房、一九五九年)や「戦争責任について」(『現代の発見3』春秋社、一九六〇年)などの論文の中で早くから主張していたことである。特に後者の論文の中で竹内は、自説について、「日本の行なった戦争の性格を、侵略戦争であって同時に帝国主義対帝国主義の戦争であり、……侵略戦争の側面に関しては日本人は責任があるが、対帝国主義戦争の側面に関しては、日本人だけが一方的に責任を負ういわれはない、という論」と明快に説明している。

石原議員の質問は、日本が朝鮮を併合しなければ、「あのときの朝鮮の混乱からいえば、隣の清国なりロシアに併合されていたことは間違いがない」という言い方や、「国際法の上では合法的に獲得したシナ大陸の権益というものをめぐっての紛争が、結局は日中間の長い戦争になった」という言い方に示されるように、竹内ほど明確にアジアとの戦争の侵略性を認めているわけではない。とはいえ、石原議員の議論がその基本的発想を竹内から借りているのは、ほぼ間違いない。

もちろん、アジア・太平洋戦争が東南アジアの植民地の争奪をめぐる帝国主義国相互の戦争という一つの側面を持っていたことに関しては、誰しも異論がない。しかし、アジア諸国に対する戦争と欧米諸国との戦争を機械的に分離し、この二つの側面を対立させる議論の仕方については、すでに家永三郎が『戦争責任』(岩波書店、一九八五年)の中で、次のように批判していたことを想起する必要がある。

日本は中国侵略戦争を継続するために、これを中止させようとするアメリカ・イギリス・オランダと開戦することになったのであって、中国侵略戦争の延長線上に対米英蘭戦争が発生したのであり、中国との戦争と対米英蘭戦争とを分離して、別個の戦争と考えることはできないのである。

このアジア・太平洋戦争と日中戦争との連続性については、戦後、比較的早い時期の最もポピュラーな戦記の一つである、伊藤正徳『帝国陸軍の最後　進攻篇』(文藝春秋新社、一九五九年)が、今日の段階からみてもきわめて重要な問題提起を行なっていることを指摘しておきたい。すなわち、伊藤によれば、「もし日支戦争がなかったら、日米戦争は之を欲しても戦い得なかった」。なぜなら、日本が開戦段階で英米に対抗できるだけの戦力を保持できていたのは、日中戦争中に、「兵力動員の上から、軍事産業大拡張の上から、武器の大蓄積の上から、日本は曾《かつ》て夢想もしなかったような戦力を蓄えるのに至った」からであり、そのために必要な巨額の予算の獲得は、日中戦争の戦費として計上された臨時軍事費からの「流用」によって可能となった。つまり、伊藤によれば、軍は、「日支戦争を利用して、平時は予算的に不可能であった弱点の補修から基本戦力の増力まで仕上げて了《しま》ったのである」。

この臨時軍事費特別会計は、戦争の終結までの全期間を一会計年度とする特別会計である。予算編成に際しては大蔵省の審査も不充分な形でしか行なわれず、また、議会の審議でも、予算の細目が知らされないため、申し訳程度の秘密会でそのまま可決された。それだけに、軍にとってはきわめて旨味のある予算であり、日中戦争勃発時の「拡大派」の政治的な狙いの一つは、戦争を口実にした臨時軍事費の獲得にあった(拙稿「『国防国家』の構築と日中戦争」『一橋論叢』一九八四年七月号)。

この臨時軍事費のうちで、どれだけの予算が実際に軍備の拡充に転用されていたのかは判然としない。ただ、参謀本部編『杉山メモ(上)』(原書房、一九六七年)によれば、四一年二月三日の大本営政府連絡懇談会の席上で、中国戦線の縮小によって戦費の節減をはかるべきだとする松岡洋右外相の発言に対して、海軍の代表が、「海軍ノ第一線消耗ハ一年ニ六千万円程度他ハ全部貯蔵ナリ」と答え、陸軍の代表も、「陸軍ノ消耗ハ十七、八億見当他ハ貯蔵ナリ」と答えているのが参考になる。一九四〇年度の臨時軍事費のうちで陸海軍省所管のものは、大蔵省昭和財政史編集室編『昭和財政史４』(東洋経済新報社、一九五五年)によれば、五七億二二五四万円だから、日中戦争の直接戦費は全体の三一〜三三%程度ということになる。

また、東条英機陸相も、四一年四月五日の陸軍省内の会議の席上で、「又例えば数十億の軍費といっても実際第一線で使用するのはせいぜい二〇億で、他のすべては国家百年のための経費である」と発言していて(陸上自衛隊衛生学校編『大東亜戦争陸軍衛生史１』非売品、一九七一年)、先の『杉山メモ』の記述を裏づけている。

ちなみに、この臨時軍事費の中から多額の機密費が支出され、それがまた軍の「政治資金」にもなっていたようである。陸軍省軍務局軍事課予算班長の経歴を持つ加登川幸太郎は、この点について、「何に使ったかわからんけど、東条さんが総理大臣になった時、……三百万円という機密費三口を内閣書記官長に渡せ、と来るんだね。……あの頃二百万円あったら飛行機の工場が一つ建ったんだから」ときわめて率直に回想している(若松会編『陸軍経理部よもやま話』非売品、一九八二年)。

臨時軍事費の話が少し長くなってしまったようだ。ただ、ここで満州事変・日中戦争とアジア・太平洋戦争の連続性という問題にこだわりたかったのは、反米ナショナリズムと結びついた形での戦争観が日本人の関心を日米関係という狭い問題領域に押しこめることによって、結局はアジアとのかかわりを見失わせるという点を強調したかったからである。

　同時に、石原議員の追及の仕方をみていて気がつくのは、彼が戦後処理の問題を全く視野に入れていないことである。そして、戦後処理のあり方という問題を考慮に入れるならば、一見鋭くみえる石原議員の追及も俄然色あせたものとなる。なぜなら、冷戦の激化という状況の下でアメリカは、日本を対ソ包囲網の中に組み入れるために、アジア・太平洋戦争の戦後処理に関しては基本的に宥和的な対日政策をとった。サンフランシスコ講和条約でアメリカが対日賠償の請求権を放棄している事実が端的に示しているように、対日講和はあくまで「寛大な講和」だったのである。こうした中で日本政府は、サンフランシスコ講和条約の第一一条で東京裁判の判決を受諾するという形で最小限度の戦争責任を認めることによって、アメリカの同盟者としての地位を獲得したのであり、その点では日本は冷戦体制の受益者だった。

　このことが示唆しているのは、日本人のアジア・太平洋戦争観はこうしたアメリカ主導の戦後処理のあり方と密接に関連しながら形成されてきたのではないかということである。だとするならば、アメリカとの協力・協同によって築きあげてきた自らの戦後史そのものを問い直すことなしに、アメリカに対して責任を負う必要がないという議論だけを一方的に主張するのは、率直に言ってやはり欺瞞的だと思う。

## 戦後史と向きあうことの意味

以上、戦争責任の問題をめぐる政治レベルでの転換と国民意識の変化の持つ意味についてみてきた。前者に関していえば、現実の政治的必要性に戦争観を従属させるような形での政策転換が中曽根内閣以降、はっきりと姿を現わしてきたことが確認できる。ここで注意をはらう必要があるのは、このような転換を主導した政治集団の中で最もプラグマティックな哲学に支えられている人々は、現在、国連安全保障理事会の常任理事国入りをはたすための「環境づくり」を目的にして戦争責任と戦後処理の問題に一応の決着をつけようとしていることである。自民党時代は「みんなで靖国神社に参拝する国会議員の会」の会長であり、「結果としての侵略戦争」論の立場に立つ羽田元首相が、常任理事国入りに積極的であり、同時に、過去の戦争に対する反省をもりこんだ国会決議（「不戦決議」）の熱心な提唱者でもあるという関係は、そのことを象徴的に示している。

後者の国民意識のレベルにおける変化についていえば、世論に大きな変化が現われているのは確かであるが、それは必ずしも国民の歴史意識の深まりを意味していないことが指摘できる。同時に、反米ナショナリズムとむすびついた形での戦争観の台頭も見逃せない。

すでにみた石原慎太郎議員の議論についても、彼の主張に共鳴する層はかなり幅広く存在していると考えられる。この問題に関しては後で詳しくみることにしたいが、ここでは九〇年代に入ってから、若い世代の中で圧倒的な読者を獲得しているSFシミュレーション戦記、たとえば、荒巻義雄の『紺碧の艦隊』シリーズの中に反米主義的な歴史解釈が色濃く現われていることだけを指摘しておきたい。

重要なことは、こうした転換や変化がきわめて微妙なバランスの上に成り立っていることである。保守派内部の「タカ派」=「大東亜戦争肯定論」者からすれば、現状は自らの思想が日々、政治の現実に屈服し従属することを意味しているから、彼らの中には常にフラストレーションが昂進する。南京大虐殺はでっちあげの事件であるなどとして辞任に追いこまれた永野茂門《しげと》法相のような「妄言」が保守派の内部から間歇的に現われるのは、このためである。

他方で、国民の歴史意識の深化が政策の転換を促すという関係が必ずしも存在せず、対外的な政治的必要性が最大の動因となって政策の転換が進むという状況の下では、アジア諸国からの対日批判に対する感情的反発が国民意識の深い所によどみ、沈澱する。「一方が、居丈高に反省を迫る。これに対して、他方は、ただひたすら卑屈に、反省を表明し、謝罪するだけである。こんな不自然な関係が、長続きするだろうか?」とする豊田有恒

『いい加減にしろ韓国』(祥伝社、一九九四年)の主張は、国民感情のある部分を粗雑な形であれ代弁しているのである。中曽根内閣以降の政策転換の大きな流れは、国際関係の上ではもはや逆転させることができないだけに、そこには対日批判に対する感情的反発が偏狭で攻撃的なナショナリズムに転化する可能性が常にはらまれているといえるだろう。

そうした最悪の事態を回避するために今、求められているのは、私たち日本人自身の戦争観や戦争責任観が戦後史のどのような環境の下で、いかなる歪みや偏りをもって形成されてきたのかという問題を冷静にとらえ直そうとする姿勢である。言葉をかえていえば、私たちは、私たち自身の戦後史とむきあうことなしに、他国や他民族との相互理解を実現できない歴史的地平に立たされているのである。本書ではその点を強く意識しながら、戦後史の歩みをたどってみようと思う。

# 第二章　「太平洋戦争史観」の成立

## ——占領期——

## 「一億総懺悔」論とその破綻

一九四五年八月一七日、最初の皇族内閣である東久邇宮稔彦《ひがしくにのみやなるひこ》内閣が成立した。敗戦に伴う混乱を皇室の権威を利用して収拾するための内閣である。この内閣が直面した最大の政治課題の一つは、戦争責任の問題を国内的にはどのような形で処理するのかという問題であったが、そこで強く意識されていたのは、敗戦の責任をめぐる議論が、政府や軍部だけでなく、天皇や天皇制に対する批判にまで発展するのをいかにして阻止するのかということだった。

東久邇首相は、早くも八月二八日の最初の日本人記者団との会見の席上で、「国体護持ということは理屈や感情を超越した、かたいわれわれの信仰である」と言明した上で、敗戦の原因にも積極的に言及し、戦力の急速な崩壊、原爆投下とソ連の参戦、戦時統制の官僚主義的なゆきすぎを指摘しつつ次のように述べて注目された。有名な「一億総懺悔」論である。

ことここに至つたのはもちろん政府の政策がよくなかつたからでもあるが、また国民の道義のすたれたのもこの原因の一つである。この際私は、軍・官・民、国民全体が徹底的に反省し懺悔しなければならぬと思う。全国民総懺悔することがわが国再建の第一歩であり、わが国内団結の第一歩と信ずる（『朝日新聞』一九四五年八月三〇日付）。

また、九月四日に開会した第八八臨時帝国議会の施政方針演説の中でも東久邇首相は、「此《こ》ノ度《たび》ノ終戦」が「一ニ有難キ御仁慈ノ大御心ニ出デタルモノ」であることを強調しながら敗戦原因についてあらためて言及し、日米間の戦力格差を具体的な数字をあげながらかなり詳しく説明している。総じていえば、東久邇首相の一連の発言は、古屋哲夫がすでに指摘しているように（『帝国議会誌』第一期・第四八巻、東洋文化社、一九七九年）、「敗戦の原因を専ら物の状況に還元し、責任問題の追及は総懺悔論で遮断する」という「論理構成」をとっていた。そこでは敗戦の「責任」は敗戦の「原因」にすりかえられ、ましてや開戦の「責任」などは問題にすらされなかったのである。

しかし、この「一億総懺悔」論自体は容易に国民の受け入れるところとはならなかった。敗戦直後の時期に、日本人の戦意に関する詳細な調査を行なったアメリカ戦略爆撃調査団の報告書は、戦時下、日本国民の間に、生活必需品の配給制度の不公正さや戦時利得者の出現などを契機にして、「犠牲の不平等」、あるいは「苦しみの不平等」ともいうべき意識が急速に拡大していた事実に注目し、そうした社会的不平等に対する自覚が指導者に対する国民の信頼を大きく傷つけていたことを明らかにした(『東京大空襲・戦災誌5』東京空襲を記録する会、一九七四年)。つまり、国民生活の急速な悪化のかげで、軍人や官僚、軍需産業関係者などの一部の集団が一般の国民の生活とはかけはなれた特権的な地位を享受していたことは、戦時体制に対する国民の疑念を強め、「軍・官・民」の一体感に亀裂を生じさせていたのである。「一億総懺悔」論がこの一体感を前提にした議論である以上、その浸透力に大きな限界があったのは、ある意味で当然だった。

さらに、首相の敗戦原因論も、戦力や国力の格差だけを強調することによって、逆に戦争の無謀さを浮きぼりにし、そのような戦争を開始した指導者の責任問題を顕在化させるという「効果」を持った。例えば、愛媛県知事の九月八日付の報告によれば、首相の施政方針演説の結果、「我々ハ戦勝ノタメニ凡《あら》ユル無理ヲ我慢シテ来タガ、国力ノ真相ヲ知ツテ指導者ノ欺瞞政策デアツタ事ガ判リマシタ」「何故忠良ナル国民ヲ信用シ真相ヲ発表シナカツタカ遺憾デアル」「最後迄《まで》国民ヲ欺シテ来タ指導者ハ万死ニ値スベキモノダ」「従来ノ指導当局ハ国民ガ総懺悔スル前ニ自ラ責任ヲ負フベキダ」等々の声が県民の間からあがったという(粟屋憲太郎編『資料日本現代史2』大月書店、一九八〇年)。

同時にGHQ自身が指導者と国民を分離し、その指導者の責任だけを強調する政策をとったことも重要である。九月二二日にアメリカ政府によって公表された「降伏後における米国の初期の対日方針」は、この点について、「日本国国民ニ対シテハ其ノ現在及将来ノ苦境招来ニ関シ陸海軍指導者及其ノ協力者ガ為シタル役割ヲ徹底的ニ知ラシムル為一切ノ努力ガ為サルベシ」としていたのである。

こうして、「一億総懺悔」論はみごとに破綻してゆくことになるが、この問の経緯が示しているのは、指導者層にこそ戦争の主たる責任があるとする「指導者責任観」が国民の間でまがりなりにも成立しているという事実である。後述するように、そこには日本国家の対アジア責任や国民自身の戦争責任の問題に関するつきつめた認識はほとんどみられないが、こうした「指導者責任観」の一応の形成こそが、多くの国民が消極的な形にせよ、東京裁判を受容してゆく思想的土壌をなしていたのである。

「一億総懺悔」論自体は破綻したとはいえ、「開戦責任」論を「敗戦原因」論に矮小化しようとする試みは、東久邇内閣総辞職のあとをうけて一〇月九日に成立した幣原《しではら》喜重郎内閣にも受けつがれてゆくことになる。同内閣は、一一月二四日に「大東亜戦争調査会」を設置するが(四六年一月に「戦争調査会」と改称)、一〇月三〇日の閣議決定によれば、同会の目的は、「敗戦の原因及び実相調査」にあった。

しかし、さすがに同会の活動は内外からの厳しい批判にさらされることになる。特に、対日政策に関する連合国側の諮問機関である対日理事会の場で、ソ連と英連邦の代表が同会の活動に強い疑義を呈したことは、決定的な意味を持った。この結果、同会は、四六年九月をもって廃止され、「敗戦原因」論に「とどめ」が刺される形となったのである(由井正臣「占領期における『太平洋戦争』観の形成」『史観』第一三〇号、一九九四年)。

## GHQによる戦争観の「矯正」

四五年九月二日、日本の全権団は米戦艦ミズーリ号の艦上で降伏文書に調印した。これによって、連合国による共同占領の時代が始まるが、占領を実際には単独で担ったアメリカ政府の当初の対日政策の基本は、「非軍事化」と「民主化」だった。そして、この政策の重要な一環として、精神的・心理的領域における非軍事化政策が実施に移されることになるが、その要をなしていたのが日本国民の戦争観の「矯正」だった。

具体的に見てみよう。四五年一二月一五日、GHQは、「国家神道についての指令」を発し、「大東亜戦争」など、「ソノ日本語ノ内容ガ国家神道、軍国主義及ビ超国家主義ト緊密ニ結合セルモノ」の公文書での使用を禁止した。この「大東亜戦争」という戦争の呼称は、開戦直後の四一年一二月一〇日の大本営政府連絡会議で決定されたものであり、一二月一二日の情報局の声明が、「大東亜戦争と称するは、大東亜新秩序建設を目的とする戦争なることを意味するもの」としているように、この戦争を「大東亜共栄圏」建設のための「聖戦」として美化する意味あいを含んでいた。この過剰なイデオロギー性がGHQによって忌避されたことになるが、以後、GHQ当局は全国にはりめぐらした強力な検閲制度の力も借りながら、日本社会から「大東亜戦争」という呼称を一掃してゆく。

もう一つの措置は、一二月八日から一七日にかけて、すべての全国紙に、「連合軍司令部提供」という形で「太平洋戦争史——真実なき軍国日本の崩潰」を掲載させたことである。この連載は、GHQによる「日本人再教育プラン」の一環であり、記事の執筆には民間情報教育局(CIE)の企画課長で、戦時中は戦時情報局(OWI)の職員として心理戦に従事していた経歴を持つブラッドフォード・スミスがあたった。

同時に、CIEは、「日本国民に対し、戦争への段階と、戦争の真相を明らかにし、日本を破滅と敗北に導いた軍国主義者のリーダーの犯罪と責任を、日本の聴取者の心に植えつける」ことを目的にして、一二月九日からNHKラジオで、連続放送「真相はこうだ」の放送を開始する。以後、毎週一回、一〇週にわたって放送されたこの番組は、企画から台本の作成、演出にいたるまでCIEの職員が担当しているが、その台本のもとになったのは、右の「太平洋戦争史」だった（竹山昭子「占領下の放送——『真相はこうだ』」、南博編『続・昭和文化』勁草書房、一九九〇年）。その意味ではこの「太平洋戦争史」は、日本人の

「再教育」のためにアメリカ側が提示した戦争観を最も端的な形で示したものといえよう。

それでは、そこにはどのような歴史観が提示されていたのだろうか。箇条書き風にまとめてみると次のようになる。

(1) 日本の侵略戦争の起点を一九三一年の満州事変に置き、満州事変—日中戦争—アジア・太平洋戦争を一連の連続した戦争としてとらえている。ただし、台湾・朝鮮に対する日本の植民地統治の問題は完全に視野の外に置かれている。

(2) 中国は日本の侵略政策の対象地域としてだけえがかれ、中国軍民の対日抗戦の意義については充分な考慮が払われていない。

(3) 右の点に関連して、アジア・太平洋戦争については、アメリカの巨大な戦力が日本軍国主義の打倒に最大の貢献をしたという立場にはっきりと立っている。このためアジア・太平洋戦争中の中国戦線についての叙述が全くみられないだけでなく、東南アジア各地で展開された日本の軍政に対する抵抗運動についても、米軍に協力した「比島ゲリラ隊」を唯一の例外として、その存在そのものが無視されている。

(4) 軍部を中心にした「軍国主義者」の戦争責任だけが問題にされ、天皇・宮中グループ・財界人・新聞人などの「穏健派」は、「軍国主義者」に対立する勢力としてだけ位置づけられている。特に天皇に関しては、「日本が警告なしに真珠湾を攻撃したことは陛下御自身の御意志ではなかったのだ」という形で、対米開戦責任を明確に否定しているのが注目される。

(5)　日本国民に関しては、「軍国主義者」が国民に対して「真実」を「隠蔽」したことが強調され、軍国主義的指導者とそれにだまされた国民、という歴史理解が示されている。

明らかに、ここにはアメリカが戦った戦争をアメリカの立場から正当化するための歴史観という性格が色濃く現われている。なお、このことに関連して、そもそも「太平洋戦争」というアメリカ側の呼称自体が、戦域を太平洋に限定している点で、中国戦線の持つ意味を全く無視していることを確認しておきたい。私がこの本の中で、満州事変以降の一連の戦争を「一五年戦争」として把握した上で、それを構成する各々の戦争を「満州事変」、「日中戦争」、「アジア・太平洋戦争」と呼んで、「太平洋戦争」という呼称を採用しなかったのも、中国戦線における中国の民族的抗戦が、日本を敗北に導く上で大きな役割を果たしたことを正当に評価したいと考えているからである。

＊なお、戦争の呼称と性格の問題を包括的に論じた論稿として、木坂順一郎「アジア・太平洋戦争の呼称と性格」(『龍谷法学』第二五巻第四号、一九九三年)がある。

ところで、この「太平洋戦争史」の連載と東京裁判との直接的な関係を示す史料は今のところ見あたらない。しかし、一二月八日にダグラス・マッカーサー元帥が国際検察局(IPS)の設置を命じ、ジョセフ・B・キーナンを局長に任命している事実が示しているように、まさにこの時期は、戦犯容疑者の逮捕がひと通り終わり、戦犯裁判の準備が本格化する時期にあたっている。そのことを考えるならば、この連載の狙いは、裁判の正当性を日本国民に受け入れさせるための予備教育にあったといえるだろう。

『シカゴ・サン』の東京特派員でGHQの占領政策に批判的な立場をとり続けたマーク・ゲインは、さすがに「太平洋戦争史」と「真相はこうだ」の持つ独特の政治性に気づいていて、一二月七日の日記に次のように書いている。

ラジオ放送や、また明日から二十《ママ》回にわたって連載される予定の新聞の続き物について、私が困惑する一つのことは、その政治性である。たとえば、あの臆病な総理大臣幣原喜重郎が、軍国主義の果敢な敵として描写される。攻撃は、主として軍人に集中され、天皇や財閥の首脳のような歴然たる戦争犯罪人は除外されている。最近の日本史のある部分は素朴に解釈され、ある場合にはゆがめられきっている(マーク・ゲイン『ニッポン日記』筑摩書房、一九六三年)。

他方、日本国民の受けとめの問題でいえば、この連載は大本営発表の虚構性や日本軍の戦争犯罪を次々に暴露して、「聖戦」の実態についてあまりにも知るところの少なかった日本国民に大きな衝撃を与えた。「真相はこうだ」の場合には、確かに、プロパガンダ的性格があまりにも露骨だったため、かなりの反発をよんだようであるが、その場合でも番組の背景にある「太平洋戦争史観」そのものが必ずしも忌避された訳ではない。

むしろ、ここで重視しておきたいのは、アメリカ側が提示したこの「太平洋戦争史観」が基本的には日本人に受け入れられていったことである。そのことを象徴的に示しているのは、占領の終結後もこの呼称が生き残り、逆に日本社会の中に着実に定着していった事実である。後に詳しくみるように、軍部への反感や対アジア認識の欠落といった面でも、また米軍の物量に敗北したという認識の面でも、当時の日本人の戦争観にはGHQの「太平洋戦争史観」と重なりあう部分が意外に大きかったからだといえよう。

ちなみに、江藤淳『閉された言語空間　占領軍の検閲と戦後日本』(文藝春秋、一九八九年)は、戦後の日本人の価値観が形成される過程でGHQによる検閲が決定的役割を果たしたことを強調しているが、そこでは「戦後民主主義」の問題にせよ、戦争観の問題にせよ、アメリカ側の提示した価値観を受け入れるだけの歴史的土壌が日本側にもあったことが、完全に無視されている。

## 東京裁判と日本の保守勢力

日本政府が受諾したポツダム宣言の第一〇項には、「吾等の俘虜〔捕虜〕を虐待せる者を含む一切の戦争犯罪人に対しては厳重なる処罰を加えらるべし」と明記されており、日本政府としても戦後の戦犯裁判を当然予想して、その対策を講じていた。特に天皇の訴追をいかにして回避するかが、そこでの最大の関心事だった（拙稿「昭和天皇と戦争責任」『天皇と王権を考える1』岩波書店、二〇〇二年）。その中で最初に浮上してきたのは、連合国側の戦犯裁判に先手を打って、日本側で裁判を行なおうとする「自主裁判」構想である。いわば、おざなりの裁判によって旧勢力がこうむる政治的打撃を最小限度にとどめようという構想であり、見方をかえれば、少数のスケープゴートにすべての責任を肩がわりさせるというやり方でもあった。しかし、このような弥縫策を国際裁判という形式を重視していた連合国側が認めるはずもなく、四六年一月一九日にはマッカーサー元帥が極東国際軍事裁判所条例を公布して裁判所の設置を命じ、五月三日には極東国際軍事裁判、いわゆる東京裁判が開廷する。

こうした情勢の中で、日本の保守勢力は、東京裁判に積極的に協力する道を選択する。

すなわち、国際検察局による尋問に積極的に応じ、あるいは検察側証人として証言台に立つことを通じて、陸軍を中心にした勢力を「内部告発」し、このグループにすべての責任を押しつけることによって天皇の訴追を回避しようという政治的選択である。彼らにあっては天皇の訴追は、「国体」＝天皇制そのものの動揺・崩壊に直結すると認識されていたのである。

このような路線の選択にあたって、日本の保守派に有利に作用したのは、敗戦前後の時期に重要機密書類の焼却が徹底的に行なわれていたことである。軍による焼却については比較的よく知られているので省略するが、外務省においても敗戦直前の四五年八月七日の時点で、「外務省記録文書ハ其ノ内容ノ如何ヲ問ハズ如何ナル事態ニ於テモ之ヲ第三者ノ利用ニ委《まか》スルガ如キコトアルベカラズ」という決定がなされ、文書の焼却が始まっている（外務省編『外務省の百年(下)』原書房、一九六九年）。

こうした証拠書類の徹底した湮滅の結果、検察側は裁判の準備と公判廷の両方の過程で、日本人関係者への尋問から得られる情報や関係者による証言に大きく依存することをよぎなくされる。つまり、日本側としては、尋問や証人としての出処に積極的に協力することによって、被告の選定や判決の行方にかなりの影響を及ぼすことが可能になったのである。

その一方で、GHQの側が、占領政策の円滑な遂行のために、天皇の権威を利用する政策をとったことも、今日ではよく知られている。その結果、GHQの側の思惑と日本の保守派の思惑とは完全に一致し、東京裁判の場では天皇の訴追を回避するための両者の連繫プレーが行なわれた。そして、この連繫プレーによって、東京裁判では天皇の訴追も証人としての喚問もともに実現しなかったのである。

以上の諸事実については、『昭和天皇の終戦史』(岩波新書、一九九二年)の中で詳しく述べておいたので、ここでは天皇の訴追を回避するために資料の改竄《かいざん》まで行なわれた事実を指摘しておきたい。アジア・太平洋戦争開戦時の軍令部作戦課長であった富岡定俊は、天皇直隷の海軍の独立指揮官に対して天皇が発する軍事命令である大海令について、「天皇の御裁可がなければ外国に対して兵を動かせない。……これが大海令である。天皇の命令なしに軍が勝手に兵を動かすことは、少なくとも海軍にはなかった。天皇は不同意の時は色々御下問になって糺《ただ》され、あるいはお留めおきになった。御裁可がないと総長指示が出せず従って連合艦隊命令が出せない」とした上で、敗戦直後の時期の大海令の処理について次のように回想している。

終戦に際し、大海令の原本を軍令部第一部長として保管しており、焼くように命令があった。これは天皇の戦争責任、戦犯問題を恐れたからであった。……私もこれを焼こうと考えたが、戦死者の遺族が困るだろうと思って焼かずに隠した。戦争に赴《おもむ》いたのはすべて天皇の命令であるという証拠がないと遺族は迷うであろう。米国はこれがないと裁判をやる上に困るので、私に複製を命じた。そこで私は記憶を辿ると称して大海令の具合の悪い個所を直したものを提出した（史料調査会編『太平洋戦争と富岡定俊』軍事研究社、一九七一年）。

なお、同じく開戦時の参謀本部作戦部長であった田中新一も、「大本営の大元帥」（『特集文藝春秋　天皇白書』一九五六年）の中で、「この大戦における陛下の統帥・戦争指導には、統帥権的性格の躍如たるものがあ」ったとしながら、次のように書いている。

実は大本営の窓に映じた陛下は少くとも国防・用兵・統帥については高等批評家でも、又ロボット的存在でもあられなかつた。戦時中、某大本営参謀が、半ば冗談で〝参謀総長の努力の半分は上奏準備に向けられている〟と痛嘆したように、上奏は総長にとつてはかなりの難関だつたようだ。

部長・課長のちがいはあるにせよ、開戦時に陸海軍の作戦面での最中枢機関にいた二人の軍人が、天皇が参謀総長や軍令部総長の補佐を受け入れるだけのロボット的存在ではなかったと証言している事実は、天皇の戦争責任問題を考える時、記憶されていい事柄だと思う。

## 東京裁判と国民の受けとめ

それでは、この東京裁判を国民はどう受けとめたのだろうか。この時期に「指導者責任観」が一応の形成をとげたことについてはすでにふれたが、国民の裁判に対する反応には複雑なものがあった。それは、この裁判が一面において、勝者による政治裁判としての性格を色濃く持っていたため、裁判の進行に伴って国民の間には、裁判に対する反感や裁判が掲げた高邁な理念に対するシニシズムが不断に醸成されたからである。

東京裁判に対する国民の反発は何よりも「東条人気」となって現われた。東条英機元首相は四五年九月一一日に戦犯容疑者として逮捕される直前に自殺を試み失敗しているが、この時の国民の反応はきわめて冷ややかなものだった。ところが、裁判の進行の過程で東条はかなりの程度「復権」し、長続きはしなかったにせよ、一部には、「東条人気」がわきおこる。この点について、朝日新聞の記者として東京裁判の取材にあたった野村正男は、「断罪をまつ二十五被告」という記事(『週刊朝日』一九四八年一一月一四日号)の中で次のように書いている。

国内では、法廷が開かれた早々のころは、清瀬一郎氏が、東条の弁護を担当したと伝えきいて、同氏が住む麹町の仮寓には、数十通の問責状が舞いこんだというが、当時新聞社へも同様の主旨の投書がおびただしく投げこまれた。ところが、その後、一年たち二年たつうちに、清瀬氏のところへ舞いこむ投書は少なくなり、その内容もけしからぬ——といった調子のものから「お陰で歴史の真相というものがよく判った」という風に変ってきているという。……

思うに、当時の国民の感情は、敗戦の悲運、生活の不幸、荒廃した住宅——のすべてのやり場のない不満を「開戦首相」東条に向けることによって、かろうじて、そのはけ場をみつけているような観があった。しかし、そうした感情の幾分かはいま沈静に帰しつゝあるようにみえる。

東条は東京裁判の開廷当初から、天皇を守るためにすべての責任を自分が引き受ける覚悟で法廷に臨んでいた。このため、他の多くの被告が自己弁護に終始する中にあって、東条は日本政府のとった政策を正面から擁護し、キーナン首席検察官とも公判廷の場で互角にわたりあった。そのことが「東条人気」の引金となったのである。この点について朝日新聞社のある記者は、「東京裁判覚え書」(『週刊朝日』一九四八年七月一一日号)の中で、「あれ以来、東条が人気を得たというか、地方へいくと東条サンとサンづけで呼ぶ連中もいるというんだね。……しかし東条以外の被告がまるで足萎えでネ、ただ自分の生命が助かりたいと考えて、もがいているのに比べれば、東条はあきらめて、あとは当時自分のとつた政策が正当だと大芝居をブツたんだ。そこに若干の訴えるものがあつたわけだろう」と指摘している。

同時に国民の戦犯裁判に対する関心がしだいに冷却していったことも見逃せない。アメリカ国務省が四八年八月二七日に作成した状況報告書「東京裁判に対する日本国民の反応」は、敗戦後しばらくの間は日本国民は、彼らの祖国を悲惨な敗戦に導いたかつての指導者たちの戦争責任を明確にするようはっきりと要求していた、日本国民は軍閥とその同調者を公然と非難し、時には戦争中に天皇が果たした役割すら広範な議論の対象となった、しかし、今、戦争責任明確化の要求は、祖国の急速な再建のためには国民の団結が不可欠であるという信念にしだいにとってかわられつつある、と日本国民の変化を的確に報告している。

しかし、裁判への反発や関心の低下が、そのまま「指導者責任観」の後退に直結した訳では決してない。四六年一月四日、GHQは「公職従事に適せざる者の公職よりの除去に関する件」を指令し、これによって軍国主義者や極端な国家主義者と判断された者が公職から追放されることになった。いわゆる「公職追放」である。総理府国立世論調査所は、講和発効後の五二年六月から九月にかけて、この公職追放についての世論調査を実施して

### 表 4　戦犯裁判に対する国民の態度

1955 年 8 月実施，対象＝全国満 20 歳以上の男女 3000 人(回収率 84.7%)

問　戦後，戦時中の政治や軍事の指導者達は戦勝国から戦争裁判にかけられて処罰されましたが，戦争を起した以上，そうなったのも当然だと思いますか，負けたのだから仕方がないと思いますか.

| | |
|---|---|
| 当　然 | 19% |
| 仕方がない | 66* |
| 不　明 | 15 |
| 計 | 100 |

問　負けてもああいうことはひどいやり方だと思いますか.

| | |
|---|---|
| ひどすぎた | 63% |
| そうは思わない | 31 |
| 不　明 | 6 |
| 計 | 100 |

＊裁判そのものに積極的な反対の意思表示をした者 1% を含む〔原註〕

(内閣総理大臣官房審議室「戦後 10 年の回顧と展望―国民の政治的意見」1956 年)

いるが、その報告書「公職追放についての世論調査」(一九五二年)は国民の指導者に対する態度を次のように結論づけている。

追放に対する態度を決定するもう一つの要素は、指導者に対する態度である。戦争責任を追求（ママ）しようという気持は余りないが、国民に敗戦をもたらしたという意味で、当時の指導者に何等かの責任を取ってもらいたいという気持は、過半数のものにある。積極的に是認するにせよ、消極的に容認するにせよ、敢て追放に反対を表明しない一つの根拠は、指導者に対するこの気持のようである。

国民の多くは指導者の戦争責任を積極的に追及する気はなかったが、指導者の免責を容認する立場に立っていた訳でもなかったのである。

また表4は、内閣総理大臣官房審議室が五五年八月に実施した世論調査の結果の一部である。責任者の処罰を積極的に支持し、裁判のやり方にも異議を唱えない人がある程度の割合に達するとともに、六割をこえる人が「負けたのだから仕方がない」という形で消極的に裁判を受容しているのが目につく。多くの国民は東京裁判の政治裁判としての性格に反発しつつ、消極的にその結果を受け入れたのだといえよう。

## 天皇退位論の台頭と挫折

東京裁判では天皇の戦争責任問題は不問に付されたとはいえ、様々な形で天皇の責任を問う声は、保守派の内部にさえ存在した。例えば、内閣総合計画局長官として、ポツダム宣言の受諾を決めた四五年八月一〇日と一四日の二回の御前会議に出席していた池田純久陸軍中将は、御前会議について「一般に余り知られていない裏話を、書いて見たいと思う」とした上で、「その一つは、御前会議の席上、平沼枢密院議長が、天皇陛下に対し、敗戦に関する天皇の責任を追及したことである。平沼議長は天皇に向かい、静かに口を開いて、『今度の敗戦については、天皇陛下、あなた様にも責任がございますぞ。なんといって皇祖皇宗〔天皇家の始祖と歴代の天皇〕の英霊に対し奉り申しわけがありますか』との驚くべき事を発言したのである」と回想している（『日本の曲り角』十城出版、一九六八年）。

率直に言って、かなり脚色された発言という印象を持つが、海軍省軍務局長としてこの会議に出席していた保科善四郎のメモにも、やや意味不明の点があるものの、「陛下は皇祖皇宗に伝える責任あり。これに動揺あらんか陛下の責任は重大なり」との平沼発言が記録されているのをみると（『大東亜戦争秘史』原書房、一九七五年）、平沼騏一郎が天皇の責任問題に言及したのは、ほぼまちがいない。

また、旧軍人の中にも責任の所在を明らかにしない天皇に対する、いわば右からの反発が存在したようだ。戦後、第二復員省に勤務した豊田隈雄の業務メモには、四六年一一月中旬頃の状況として、「天皇ノ御譲位一関シ陸軍筋デハ之ヲ勧告シカネマジキ気配アリ。又現天皇ノ下ニハ万一軍再建ノコトアルモ忠誠ナル軍隊ハ望ミ得ズ等公言シ居ル者アリ。驚クニ耐ヘタリ」と記されている（『戦争裁判余録』泰生社、一九八六年）。

同様に、巣鴨拘置所に収容されていた戦犯容疑者の中にも天皇に対する冷ややかな見方が存在した。元内務大臣の安倍源基は、四七年一〇月七日の日記に次のように書きとめている。

午前散歩しながら元海軍大将高橋三吉氏と語る。大将曰く……「陛下最近の行動は遺憾に堪えぬ。自ら権威を失墜するやうな行動に出て居られる。自分は天皇制支持論者だが、現在の天皇に対しては従来持つた尊崇の念は無くなつた。皇后陛下が天皇陛下の頭に手をやつて如何にもふざけたやうな写真の如き、実に残念至極である。こう云ふ事だから天皇退位論が起るのだ。最近清水澄《とおる》博士の自殺も死を以つて陛下に諫言《かんげん》したのかも知れぬ」と心から話して居た。

昭和天皇の髪の乱れを直す皇后
（提供＝毎日新聞社）

最近陛下の行幸が余《あまり》に頻繁で市井の一市民と少しも変らぬ様な御写真が度々新聞に出ることについては、巣鴨の人達には皆評判が悪い。国体観に徹した天皇制支持論者にも、又そうでない人達にも各々《おのおの》其の異つた観点から不評である（『巣鴨日記』展転社、一九九二年）。

文中の「如何にもふざけたやうな写真」とは、四七年九月一日の各紙に掲載された天皇一家の写真(皇后が天皇の乱れた髪を直している場面をAP通信社のカメラマンが撮影したもの。前頁掲載)のことを、清水澄博士の自殺とは、枢密顧問官で天皇の東宮時代から憲法などの「御進講」を担当してきた清水が四七年九月に自殺した事件のことをさしている。

天皇自身も、特にかつての「大元帥」としての自己に向けられた旧軍人の批判的なまなざしは、かなり意識していたようだ。やや後の時期の記録に属するが、天皇の侍従をつとめた入江相政《すけまさ》の五二年八月一五日の日記には、「今日は終戦記念日なのでどうしても〔庭に〕お出にならない。それに今日夕方、宮内記者が来るので又何とかかとか書かれてはといふお気持、旧軍人が陛下をお恨みする気持も残つてゐるしとお考へになるらしい」という記述がみられる(『入江相政日記3』朝日新聞社、一九九〇年)。

こうした中で台頭してくるのが、天皇自身が戦争に対する道義的責任を明らかにするために退位すべきだとする退位論であり、特に東京裁判の判決を目前にひかえた四八年に入ると(実際の判決は同年一一月一二日)、退位論はかなりのひろがりをみせた。表5は、この時期に読売新聞社が実施した世論調査の結果だが、天皇制の存在を是認するものが九割をこす一方で、退位論と天皇制廃止論の合計が二二・四%と無視しえぬ数値を示している

**表 5　天皇制に関する世論調査**(読売新聞社)

1948 年 8 月実施，被調査者＝全国 3080 人の有権者

| | |
|---|---|
| 問 1　天皇は「国民のあこがれ」であり「国家の象徴」として新憲法できめていますが，あなたはこの日本の「天皇の制度」をどう思いますか. | |
| 天皇制はあった方がよい | 90.3% |
| 天皇制はなくなった方がよい | 4.0 |
| わからない | 5.7 |
| 問 2　天皇の退位についてあなたはどう思いますか. | |
| 在位された方がよい | 68.5 |
| 退位されて皇太子にゆずられた方がよい | 18.4 |
| 退位されて天皇制を廃した方がよい | 4.0 |
| わからない | 9.1 |

(『読売新聞』1948 年 8 月 15 日付)

**表 6　天皇退位問題に関する調査**

1948 年 9 月実施，1000 人の「わが国における指導者層」を対象(回収率 28.7%)

| | 退位賛成 | 退位反対 | 不明 |
|---|---|---|---|
| 政治・法律・社会問題関係の文化人 | 50.9% | 42.9% | 6.4% |
| 教育・宗教・哲学関係の文化人 | 49.0 | 44.4 | 6.6 |
| 衆議院議員 | 6.2 | 87.5 | 6.3 |
| 参議院議員 | 21.4 | 78.6 | — |
| 財界人 | 14.6 | 80.5 | 4.9 |
| 全　体 | 41.1 | 53.0 | 5.9 |

(「天皇退位問題の賛否とその主たる理由に就いて㈠」，日本輿論調査研究所『輿論調査レポート』第 21 号，1948 年)

のが注目される。天皇制の支持者の中にもかなりの退位論者がいたことになる。

続いて表6は、日本輿論調査研究所が同じ時期に実施した退位問題に関する有識者調査の結果である。調査対象は、文化人に関しては『日本文化人名鑑』からの無作為抽出、議員に関しては衆参両院の各種委員会の正副委員長、財界人に関しては同研究所備えつけの名簿からの無作為抽出である。回収率が低いのがやや気になるが、同研究所は調査結果について次のようにコメントしている。

この概観において傾向的に明言しえることは、学界や評論界の人々――すなわち理論的にものを考え、現実的な利害関係の比較的ない、独立の自由人として存在を価値づけられている人々の間にあつては、まさに賛否相半《あいなかば》する状態であるのに反して、大衆と多くの社会的関係と接触を持つことによつて生きている政治、経済の実際人においては、退位が圧倒的に反対されていることである。

確かに、世論全体の動向とはかなりのズレがあるとはいえ、少なくとも知識人の間では退位賛成論と退位反対論がほぼ拮抗している状況があったのである。

ここで注目したいのは、退位論の中に、「国体護持」のためにこそ天皇は退位すべきだとする議論が根強く存在したことである。具体的にいえば、皇室と国民との間の精神的紐帯《ちゅうたい》を強化するために、天皇は退位によって責任の所在を明確にすべきだとする主張であり、逆にいえば、天皇が退位という形で戦争に対する道義的責任を明らかにしないことによって皇室と国民との一体感が失なわれることを危惧する議論でもある。こうした退位論の存在については、『昭和天皇の終戦史』の中でも詳しくふれたが、右の日本輿論調査研究所の調査報告「天皇退位問題の賛否とその主たる理由に就いて(二)」(『輿論調査レポート』第二二号、一九四八年)も、「天皇制を純正化するため」の退位論として、次のような意見を紹介している。

「日本国に天皇あり」という自覚を新たに深めるために、さきの戦争に関係せし天皇は一応退位せらるべきだと思う。……(陶山務氏)

天皇制を純正ならしめるために必要、退位ならば後世史家が歴史の書きように苦しむべし(矢部貞治氏)

＊「退位ならば」は誤記か誤植。文脈からすれば、「退位なくば」だろう。

天皇制を尊重し、その永続きを希望する故に。太平洋戦争のアカを洗い落す必要を感じる。皇太子に位をゆずり、退位されて人心を新たにするのを可とす(山浦貫一氏)

現天皇が退位されて皇太子が新憲法下の天皇となられるのが天皇制の正しい保持と歴史的変換と道義的戦争責任ということから最も良策といえましょう(中山貞雄氏)

退位せられた方が天皇制の寿命は少しく延びるであろうと考えられる(石塚寿夫氏)

天皇制を存続させたい人もこの策をとった方が賢明だろう（木松満氏）

こうした退位論の根強い存在にもかかわらず、結局、退位は実現しなかった。その最大の理由としては、GHQ、特にマッカーサー元帥が占領統治の必要から占領政策への積極的協力者であった昭和天皇個人を強く支持したことがあげられる。また、日本の保守派の内部に天皇の退位が天皇制の存否をめぐる議論に火をつけ天皇制の打倒を主張する共産党を勢いづかせるとの危惧が存在したのも確かである。見方をかえれば、そうした危険をおかしてでも退位という決断をせざるをえないほどの厳しい国際環境が存在しなかったともいえるだろう。日本の占領は連合国による共同占領という形式はとっていても、事実上はアメリカの単独占領だった。そして、そのアメリカは、日本が再び軍事大国として復活することに対する強い危惧がオーストラリアなどの他の連合国の間に存在するにもかかわらず、四八年一〇月七日の国家安全保障会議の決定（NSC13／2）によって、冷戦への移行を前提にして、対日政策の基本を「改革」から「復興」へ転換してゆくことをはっきりと決めていたのである。

しかし、退位論の挫折によって天皇の戦争責任が完全に不問に付されたことは、国民の間にある種の「わだかまり」を残す結果となった。事実、昭和天皇の死去（一九八九年一月七日）前後に天皇の戦争責任をめぐる議論が再燃することになる。

なお、最近の研究によれば、東京裁判の判決時、もしくはサンフランシスコ講和条約の発効時に、天皇が自らの責任を認める「謝罪詔書」のようなものを国民に公表する構想があったにもかかわらず、それも実現しなかったことが確認されている(加藤恭子『田島道治』TBSブリタニカ、二〇〇二年、および「昭和天皇謝罪詔書草稿大論争」『文藝春秋』二〇〇三年八月号)。

# 第三章　認識の発展を阻むもの

## ——占領から講和へ——

## 戦争責任問題をめぐる国民意識

前章で明らかにしたように、占領期に「指導者責任観」がまがりなりにも形成されたことによって、戦時指導者の戦争責任の免罪を意味した「一億総懺悔」論は破綻においこまれた。しかし、「指導者責任観」の形成は、戦争責任問題をめぐる国民意識の諸相のうち、重要ではあるが一つの側面にすぎず、その意識の全体像を明らかにするためには、他の側面にも目をくばる必要がある。

その点で見逃すことができないのは、すでに吉見義明『草の根のファシズム』(東京大学出版会、一九八七年)が明らかにしているように、敗戦と「大日本帝国」の崩壊という冷厳な現実にもかかわらず、国民の間にアジアに対する優越意識・蔑視意識が根強く残存したことである。表7は、アメリカ国務省調査分析局が一九四五年一二月に北京にいる日本人の軍人・民間人に対して行なった質問調査のうち、吉見のいう「『帝国』意識」にかかわる重要項目をピック・アップしたものである。戦後比較的早い時期の調査であること、被調査者の中に指導的地位にある居留民をかなり含んでいると判断されること、この二点を

### 表 7　北京在住日本人の政治意識

1945 年 12 月にアメリカ国務省調査分析局が実施した質問調査，調査対象者は北京在住の日本人 385 人.

| | はい | いいえ | 回答なし |
|---|---|---|---|
| 満州にいる中国人には日本によって作られた産業組織を運営していく能力はない. | 69% | 20% | 11% |
| 日本は存続するためには満州を併合しなければならない. | 45 | 42 | 13 |
| 朝鮮は少なくとも 20 年間は独立するだけの準備がととのわないだろう. | 77 | 14 | 9 |
| 台湾は中国に返すべきではない. | 60 | 29 | 11 |
| 中国は国家ではなく，政治的結合のないさまざまな人間の集まりである. | 50 | 39 | 11 |
| 日華事変は中国人煽動者が混乱を起こさなければ解決できたはずであった. | 69 | 22 | 9 |
| アメリカの援助がなくても，中国は戦争に勝つことができたであろう. | 8 | 87 | 5 |
| 中国国民が日本の真の意図というものを理解していたならば，日本陸軍は戦争に勝つことができたであろう. | 61 | 30 | 9 |
| 日本は今の生活水準を維持するためには中国の経済的資源を必要とする. | 81 | 7 | 12 |
| 日本国民は他の極東の国々の国民よりもすぐれている. | 86 | 9 | 5 |
| 日本民族は世界の他のいかなる民族よりもすぐれている. | 41 | 49 | 10 |

(粟屋憲太郎編『資料日本現代史 3』大月書店，1981 年)

考慮に入れるならば、「『帝国』意識」がより強く映し出されているとも考えられるが、それにしても、「『帝国』意識」の根深さにあらためて驚かされる。具体的にいえば、中国人・朝鮮人の自治能力や抗戦力に対する過小評価、戦争の侵略性に関する認識の欠如、アジアに対する優越意識や帝国主義的な勢力圏思想の存在、等々である。

こうした「『帝国』意識」の根深い残存は、戦争の侵略性や日本人の対アジア責任の問題を直視することを妨げる精神的土壌を形成した点で重要な意味を持つが、問題は、このような意識からの脱却がなぜ不充分な形でしかなされなかったのかである。この問題については、大沼保昭が、植民地における民族独立運動との血みどろの闘いのはてに植民地の放棄をよぎなくされた欧米諸国の場合と対比させながら、次のように述べている。きわめて重要な指摘である。

これに対して日本は、第二次世界大戦で植民地国家間の権力闘争に敗れた。したがって、朝鮮、台湾などの植民地支配は、敗戦による海外領土放棄というかたちで一応終止符を打った。しかし、植民地支配の終焉が第二次世界大戦の戦後処理というかたちでもたらされたことは、いわば思考様式における植民地主義の解体を妨げることになった。敗戦による虚脱感があまりに大きかったため、植民地の放棄という事実はほとんど意識されることなく、ましてその意味が考えられることはなかった。こうして近代を支配する欧米にみずからを同化し、「遅れた」アジア、さらに有色人種一般をもっぱら自己の国際的地位を向上させるための手段、対象としてとらえ、世界的規模での優劣競争に打ち勝っていくという、日本社会に深く根ざした「脱亜入欧」信仰は、ほとんど問題とされることがなかった(『東京裁判から戦後責任の思想へ』有信堂、一九八五年)。

戦争責任問題をめぐる国民意識のもう一つの特徴は、「指導者責任観」が、その指導者によって自分たち国民は「ダマサレタ」というある種の被害者意識と表裏一体の関係にあったことである。民衆思想史研究の立場から、この「ダマサレタ」という意識の政治的・社会的機能に着目した安丸良夫の『日本ナショナリズムの前夜』(朝日新聞社、一九七七年)は、「多くの民衆は、戦争と敗戦にいたる過程を『ダマサレタ』という論理でとらえて納得したが、そこには、戦争責任をみずからのものとする意識が欠落しているとともに、旧い価値とのふかい内面的な対決を経ないままに、いち早くあたらしい価値(戦後民主主義――引用者)を受容してゆく姿態が表現されていた」と総括している。つまり、「ダマサレタ」という意識は、戦後民主主義という新しい価値をスムースに受容させる役割を果たすとともに、国民自身の戦争協力や戦争責任の問題を不問に付す機能を持ったのである。

同時に、戦争責任問題をめぐる国民意識のありようを考える上では、階層間の格差にも注目する必要があるだろう。この点で、戦争責任問題のとらえ方をめぐって、知識人と一般国民との間に意識の大きな断層が存在することをうかがわせるのが、前章でも紹介した内閣総理大臣官房審議室の世論調査「戦後一〇年の回顧と展望―国民の政治的意見」(一九五六年)である。この世論調査は戦争責任の追及問題に関しても、「戦争裁判とか公職追放とかは、戦勝国がやったのですが、若し戦勝国がしなかったら、日本国民自らそういう指導者達を裁判にかけたり公職から追放したりして、責任を問うべきだと思いますか。特にそういうことはしなくてもよかったと思いますか」という興味深い質問をしているが、この問いに対する回答は、「問うべきだ」=三一%、「特にそういうことはしなくてもよい」=四六%、「不明」=二三%だった。設問自体にかなりのバイアスがあるとはいえ、国民の「指導者責任観」の受動的性格がここでも現われている。

この回答を階層別にみたのが表8だが、審議室自身が、「責任を追及するものは六大都市、若い層、学歴の高いもの、自由業、事務職員に多く、郡部、老人、学歴の低いものでは非常に少なくなっている」とコメントしているように、そこには知識人と一般国民との間の意識の断層がはっきりと読みとれる。なお、四八年八月に実施された天皇の退位問題に関する読売新聞社の世論調査でもほぼ同様の傾向が現われていたことを確認しておく必要があるだろう。すなわち、学歴が低くなるほど天皇の在位を求めるものが多くなり、逆

表 8　戦争責任問題に対する態度

1955 年 8 月実施，対象＝全国満 20 歳以上の男女 3000 人（回収率 84.7％）

| | | 問うべきだ | 特にそうしなくてもよい | 不明 |
|---|---|---|---|---|
| 地域別 | 六大都市 | 41％ | 44％ | 15％ |
| | その他の都市 | 34 | 45 | 21 |
| | 郡部 | 26 | 47 | 27 |
| 年齢別 | 20〜29 歳 | 38 | 41 | 21 |
| | 30〜39 | 34 | 46 | 20 |
| | 40〜49 | 30 | 48 | 22 |
| | 50〜59 | 26 | 53 | 21 |
| | 60〜 | 18 | 47 | 35 |
| 学歴別 | 小学校卒業以下 | 21 | 41 | 38 |
| | 高等小学校卒 | 29 | 52 | 19 |
| | 旧制中学卒 | 40 | 48 | 12 |
| | 新制中学卒 | 28 | 43 | 29 |
| | 新制高校卒 | 45 | 43 | 12 |
| | 高専・大学卒 | 56 | 37 | 7 |
| 職業別 | 農林経営 | 30 | 51 | 19 |
| | 商工経営 | 38 | 46 | 16 |
| | 自由業 | 46 | 50 | 4 |
| | 管理職 | 29 | 71 | 0 |
| | 事務職員 | 47 | 44 | 9 |
| | 労務者 | 36 | 45 | 19 |
| | 農林家族 | 21 | 41 | 38 |
| | 商工家族 | 29 | 54 | 17 |
| | 事務労務家族 | 29 | 42 | 29 |

（内閣総理大臣官房審議室「戦後 10 年の回顧と展望—国民の政治的意見」1956 年）

に学歴が高くなるほど退位論者が増えるという関係である。

## 認識の発展を阻むもの

以上、国民意識の中にはらまれる問題点についてみてきたが、その一方でそうした意識のありようの中に、認識の新たな発展の可能性が芽ばえつつあったことも事実である。すでにみたように、「『帝国』意識」からの脱却が不充分な形でしかなされなかったことはアジアに対する加害者意識をくもらせる役割を果たすことになったが、国民意識の深い所で、対アジア侵略戦争に対するある種の「後めたさ」の感覚が広範囲に存在したことも、その後の歴史の展開をみれば否定できないように思われる。この点については、竹内好が、主体的な戦争責任意識の確立のためには、「民族感情に自然な責任感の伝統をよりどころとするしかない」とした上で、「そのような伝統としては、アジア、とくに中国に対する侵略の痛みしかない。その痛みはたしかに存在するし、潜在的なものまで数えれば想像以上に大きいと思われる」と指摘しているのが、きわめて示唆的である(「戦争責任について」、橋川文三ほか『現代の発見3　戦争責任』春秋社、一九六〇年)。

同様に、「ダマサレタ」という意識についても、その認識をつきつめていけば、だまされた側の責任という問題、ひいては国民自身の戦争責任という問題に突きあたらざるをえない。映画監督の伊丹万作は、「ダマサレタ」という意識を持つ人々に対して次のような批判をくわえているが、そこには「ダマサレタ」という意識に内在する新たな発展の可能性が逆に示されているといっていいだろう。

騙《だま》されたということは、不正者による被害を意味するが、しかし、騙されたものは正しいとは、古来いかなる辞書にも決して書いてはないのである。……私は更に進んで「騙されるということ自体が既に一つの悪である」ことを主張したいのである。……又、もう一つ別の見方から考えると、幾ら騙す者が居ても誰一人騙されるものがなかったとしたら今度のような戦争は成り立たなかったに違いないのである。

つまり騙すものだけでは戦争は起らない。騙すものと騙されるものとが揃わなければ戦争は起らないということに成ると、戦争の責任も亦《また》(たとえ軽重の差は有るにしても)当然両方に在るものと考える他はないのである。

一度騙されたら、二度と騙されまいとする真剣な自己反省と努力がなければ人間が進歩するわけはない。此の意味から戦犯者の追求(ママ)ということも無論重要ではあるが、それ以上に現在の日本に必要なことは、先ず国民全体が騙されたということの意味を本当に理解し騙されるような脆弱な自分というものを解剖し、分析し、徹底的に自己を改造する努力を始めることである(「戦争責任者の問題」『映画春秋』一九四六年八月号)。

さらにまた、従来必ずしも正当に評価されてきたとはいえないが、占領期の戦争責任論にはすぐれた内容のものが少なくない。かつて私は、主として知識人の議論に焦点をあわせながら、この時期の戦争責任論の全体の動向を分析したことがあるが(「占領期における戦争責任論」『一橋論叢』一九九一年二月号)、そこでの結論は、後の時代に充分継承されていかなかったとはいえ、現在の戦争責任論の基本的論点はすでにこの段階で提示されているというものだった。主な論点を箇条書きにしてみると次のようになる。

(1) 主体的な戦争責任論という点からいえば、論者自身の戦争協力、戦争責任に対する真摯な自己批判が存在するとともに、マスコミや「進歩的文化人」の戦争協力の問題もとりあげられていること。

(2) また、国民自身のアジアに対する加害責任の問題も論議されていること。

(3) 東京裁判に関しても、戦争責任問題の処理が全面的に連合国の手に委ねられたことに対する危惧の声が少なくなかったこと。

(4) さらに、植民地であった朝鮮・台湾の代表が東京裁判に参加していないことの不当性を指摘する論者も存在したこと。

特にこの時期の数多くの論者の中でも、最も重要な論点を提起しているのは法学者の戒能通孝だろう。戒能は、GHQの検閲によって全文が『中国研究』第六号（一九四九年）から削除された論文、「中日戦争と太平洋戦争」の中で、この二つの戦争が一連の密接不可分の戦争であったことを強調しながら、「実際において太平洋戦争は、中日戦争の心理的、および論理的拡大であり、かつその帰結にすぎなかった。東条とその内閣は、中日戦争の心理的に組織しきたったものをほぐしだし、これに最終的タッチを与えるだけの役割を演じたのみである。車が坂道からころがりおちてくる場合、途中で一押しを加えた者の責任は、初めに車を落した者に比較して、果してより多く重大だといえるだろうか」として、戦争責任問題の核心に対中国侵略戦争がすえられなければならないことを明確に指摘していた（メリーランド大学プランゲ文庫所蔵）。

また、戒能は、民衆の戦争責任の問題についても、東京裁判の判決を一人一人の日本人が真剣に受けとめ、自己の良心に照らして自分自身の判決を書き上げなければならないとして、次のように論じている。

軍がどれほど強力でも、国民の消極的支持がなかったら、あれほどまで乱暴な行動を続けていくことはできなかったはずである。東京裁判の被告らが、それ〴〵の立場から糾弾されたのは、ことばをかえていえば、われ〳〵のどこかにあるゴロツキ的な精神や、便乗的な精神が、何かの形で糾弾されているのであって、それをまともにうけることがなかつたならば、ほんとうの国家再建は、まだ遠い先きのことだろう(「戦争裁判は何を教えるか」『地上』一九四八年四月号)。

いずれも重要な問題提起である。

それにもかかわらず、実際には、国民レベルでの認識の発展がこの時期にほとんどみられなかったのはなぜだろうか。また、重要な戦争責任論が提起されながらも、それが後の時代に必ずしも継承されていかなかったのはなぜだろうか。その理由の一つとしては、そのような認識の発展や継承を阻む強固な枠組がこの時期の国際環境の中に存在したことが指摘できるだろう。その点を明らかにするために、次に、戦争責任問題の処理に決定的な意味を持った東京裁判とサンフランシスコ講和条約に焦点をあわせながら、当時の国際環境を大きく規定したアメリカ政府の対日政策について見てみることにしたい。

## 東京裁判と冷戦の影

一九四六年五月三日に開廷し、四八年一一月一二日に刑の宣告を行なった東京裁判は、冷戦への移行という国際情勢の変化によって大きく翻弄された国際裁判だった。その点では、ナチス・ドイツの指導者を裁いたニュルンベルク裁判との間には、戦勝国による同じ軍事裁判とはいえ、無視しえぬ相違が存在する。ニュルンベルク裁判の場合、第二次世界大戦後の比較的早い時期に行なわれたということもあって、裁判長や検察委員会議長の輪番制が採用されるなど、米・英・仏・ソ四大国が、平等の立場から共同して裁判の運営にあたるという原則がまがりなりにも確立していた。

これに対して東京裁判の場合は、裁判長や首席検察官の任命自体が連合国軍総司令官としてのマッカーサー元帥の権限に属していた。また、裁判官の定足数についても、ニュルンベルク裁判の場合には、四カ国から各一人の判事と予備判事が選ばれ、法廷での定足数は判事四人全員、または欠席判事にかわる予備判事の出席を必要としたが、東京裁判の場合は定足数の規定が緩やかであり、判事の過半数の出席で法廷が成立した(粟屋憲太郎「東京裁判への道⑦」『朝日ジャーナル』一九八四年一一月二三日号)。要するに東京裁判の場合は、冷戦の一方の主役であるアメリカの国益が反映しやすいシステムをとっており、その分だけ冷戦への移行という国際情勢の波動を直接蒙ることになったのである。

また、冷戦への移行の中で裁判所全体の雰囲気も、はっきりと変化した。四七年五月からは対ソ侵略問題に関する弁護側の立証が始まるが、弁護側に有利な内容を持った資料や証言が証拠として受理されるなど、この頃から裁判所側の姿勢にも変化が現われ始める。第二復員省の戦犯裁判関係事務の担当官として東京裁判を傍聴し続けた冨士信夫は、この変化について、「中華民国関係立証の時とは、裁判所の態度が明らかに変化してきている。なぜか。私は、弁護側立証の対象がソ連なるが故に、戦後世界に徐々にその兆しが見え始めた米ソの対立、換言すれば、自由主義陣営と共産主義陣営との対立が、裁判官達の心理に微妙な変化を与えた結果によるものだろう、と感じた」と回想している(『私の見た東京裁判(上)』講談社学術文庫、一九八八年)。

冷戦の裁判への影響を端的に示している事例としては、昭和天皇の免責や国際法に違反する細菌戦の研究・開発にあたっていた七三一部隊の免責などが今日ではよく知られているが、ここでは冷戦の影響をより直截に表現していると考えられる戦犯容疑者の釈放問題について、少し具体的に見てみたい。

周知のように、GHQは日本への進駐と同時に戦犯容疑者の大規模な逮捕に踏みきることになるが、四六年四月二九日に、東条英機ら二八名がA級戦犯容疑者として起訴されて以降も、多数のA級戦犯容疑者が巣鴨拘置所(スガモ・プリズン)や自宅に拘禁され続けた。連合国側の当初の予定では、いわゆる東京裁判として知られる裁判はあくまで第一次裁判であり、これに続く二次、三次の国際軍事裁判が予定されていたからである。

しかし、名うての反共主義者でGHQの内部でも「小ヒトラー」と称されていたC・H・ウィロビー少将を長とするGHQの参謀第二部(GⅡ)は、早くから戦犯容疑者の釈放を強く要求しており、マッカーサー元帥やキーナン首席検察官もしだいにその主張に同調していった。

また、アメリカ政府自身も冷戦への移行の中で、戦犯裁判への熱意を急速に失なってゆく。国家安全保障会議(NSC)が四八年一〇月七日に承認した「アメリカの対日政策に関する勧告についての国家安全保障会議の報告」(NSC13/2)は先にも述べたように、民主化と改革を重視した従来の対日政策を大きく転換させ、東側陣営との対決のために日本の経済的復興を最優先の課題とすることを正式の国家意思として決定した重要文書だが、そこでは、公職追放政策の打ち切りとならんで、戦犯裁判に関しても、A級戦犯裁判の終結とBC級戦犯裁判の早期終結方針が明記されていたのである。

こうした一連の動きの中で、四六年四月一三日には、まず皇族で唯一の戦犯容疑者だった梨本宮守正が釈放され、四七年九月一日には二三名、一一月一五日には一名、さらに東条英機ら七被告の絞首刑が執行された翌日の四八年一二月二四日には、岸信介《のぶすけ》ら残された一九名の戦犯容疑者の釈放が行なわれたのである。

## アジアの不在

戦争責任問題を考える上で見逃すことのできない東京裁判のもう一つの特徴は、アジアの不在という問題である。このことを最もよく示しているのは、裁判官の構成である。一九四六年四月の裁判所条例の改正によって、最終的には、英・米・ソ・仏・中・豪・カナダ・オランダ・ニュージーランド・インド・フィリピン計一一カ国を代表する一一名の裁判官によって判事団が構成されることになったが、このうちアジア諸国を代表する裁判官はわずか三人にすぎない。マレー、シンガポール、インドネシア、ビルマ、インドシナなど日本の占領によって多大の被害を蒙った国々や日本の植民地であった朝鮮、台湾を代表する裁判官は一人も参加していないだけでなく、これらの国々とは対立した利害関係にある植民地宗主国が多くの裁判官を送り出しているのである。

一九八三年五月に東京で開催された東京裁判に関する国際シンポジウムは、東京裁判研究の活性化のためのきっかけになったという点でも重要な意味を持ったシンポジウムだったが、その場の討論では、日本のアジアに対する加害責任の問題が大きな争点となった。特に、ソウル大学の白忠鉉教授の次の発言は、今までこの問題を充分には認識してこなかった日本や欧米の研究者に大きな衝撃を与えた。

東京裁判におきましては、人道に対する罪の重要性を認識できなかったと思います。……歴史的な証拠を見てみますと、旧日本政府は、日本、朝鮮、満州、中国、フィリピン、また日本の支配下にあったその他アジア地域の少数民族に対して、殺りく、奴隷的虐待、追放といった非人道的な行為をかなりおこなっていたということが明らかになります。これらの犠牲者が戦勝国の国民でなかったということがあったにせよ、戦勝国がそれらの植民地の国民に対してあまり注意をはらわなかったということは、東京裁判の最も深刻な欠点ではないかと思います（細谷千博ほか編『国際シンポジウム　東京裁判を問う』講談社、一九八四年）。

シンポジウムに参加していた東京裁判の際のオランダ代表判事、B・レーリンクにもこの発言は強い印象を残したようだ。『中央公論』一九八三年八月号のインタビューの中で、彼は次のように述べている。

私も、東京裁判ではアジア人の側からの視点が重視されていないという指摘は強く印象に残っています。東京裁判では、起訴状に現われたかぎりでは、「人道に対する罪」はほとんど存在しなかったといっていいでしょう。ただ、アジア人に対するものよりも、白人に対してなされた残虐行為のほうに多くの関心が払われていたのは事実で、アジアの人々の立場で考えれば、違った見解が出たかもしれません。

こうして、東京裁判では、日本人の対アジア責任の問題は不充分な形でしか取り上げられなかったのである。

とは言っても、東京裁判がアジア諸国に対する日本の戦争責任の問題を完全に視野の外に置いた訳ではない。恐らくは国際世論の強い圧力を背景にして、裁判所自体としては、英米を中心にした欧米諸国に対する開戦責任だけを問題にするような狭い歴史解釈をしりぞけ、起訴の対象となった期間は、一九二八年一月一日から四五年九月二日までの約一七年八カ月に及び、満州事変・日中戦争の全期間がそのうちに包含されていた。実際、判決でも対中国侵略戦争遂行の訴因について二二人の被告が有罪と認定されている。

つまり、起訴された被告に関する限りは、その対アジア責任が完全に不問に付されることはなかったといってよい。しかし、見方を少し変えてみれば、そのことは、戦争のすべての責任が対アジア責任の問題も含めて、少数の被告、それも陸海軍の軍人、とりわけ陸軍の軍人に押しつけられたことを意味していた。判決の内容に即して、この点をもう少し具体的に見てみよう。

四八年四月一六日に結審した東京裁判は、長い休廷期間をへて一一月四日に再開され、一一月一二日には刑の宣告が行なわれた。起訴された二八人のA級戦犯容疑者のうちで病死者などの三人を除く二五人の被告に対する判決は全員有罪だった。その内訳を見てみると、絞首刑が七人（陸軍軍人六・文官一）、終身禁錮刑が一六人（陸軍軍人九・海軍軍人二・文官五）、禁錮二〇年が一人、禁錮七年が一人でともに文官である。

ちなみに、この軍部を中心にした勢力への意図的な責任転嫁という問題については、海軍の国際法問題に関する最高顧問的存在で、東京裁判の際にも被告の弁護に深くかかわった榎本重治が、その手記「極東国際軍事裁判について」（陸上幕僚監部監理部『国際問題研究資料（其の四）』一九五四年）の中で、次のようにきわめて率直に語っている事実を確認しておきたい。

> 〔東京裁判の〕弁護方針として死亡者に罪を転嫁することを企図した例も皆無ではなかったが、これは日本人の道〔一字不明〕心の許さないところであった。又日本の軍務（ママ）は既に消滅したものであるが故に軍部に罪を負はし他の部分の罪の軽減を計ることは日本の将来のため取るべき方途ではないかという如き思想が相当程度存在した。これは換言すれば虚偽の立証を策謀せんことを勧めるものに外ならないのみならず其の思想の根本は死亡者に対する罪の転嫁と異るところなく、唾棄すべき思想である。

## 「寛大」な講和

一九五一年九月八日に調印されたサンフランシスコ講和条約によって、日本はまがりなりにも国際社会への復帰を実現することになるが、冷戦下での東西両陣営の厳しい対立を反映して、この講和は「片面講和」となった。すなわち、会議への招請をうけた国々の中でもユーゴスラヴィア・インド・ビルマの三国は会議への参加を拒否し、ソ連・ポーランド・チェコスロヴァキアの三国は招請には応じたものの、条約の内容に反対して調印を拒否した。また、日本の侵略戦争の最大の犠牲者であった中国に関しては、英米間の意見の対立もあって、北京の中華人民共和国政府も台湾の中華民国政府も、ともに会議には招請されなかった。さらに、講和条約と同時に日米安全保障条約が締結され、日本は米軍への基地の提供を通じて、アメリカの世界戦略の中に緊密に組みこまれていったのである。

それでは、戦争責任問題という視角からみた時、この講和条約はどのような特徴を持っていたのだろうか。この点に関連して、細谷千博は、「対日講和問題の決着がおくれた最大の理由は、いうまでもなく、第二次大戦後の国際政治の世界に、超大国として登場したアメリカとソビエトの間で、戦争中の協調関係が崩れ、対立・抗争関係が支配的となっていったためである。対日講和問題も『冷戦』の強力な対立の磁場にひきつけられ、次第に『戦後処理』の問題としての性格を喪失していったのである」と指摘している（『サンフランシスコ講和への道』中央公論社、一九八四年）。つまり、冷戦下での対日宥和政策という現実の政治の論理が優越することによって戦後処理の側面は曖昧にされ、その分だけ、日本にとっては、「寛大」な講和が実現することになったのである。

事実、この講和条約には、その第一一条で日本政府が東京裁判の判決を受諾することが明記されているだけで、日本の戦争責任についての言及は全くない。この点については、横田喜三郎が当時から、「あらためていうまでもなく、第二次世界大戦は、ヨーロッパでは、ドイツによつて、アジアでは、日本によつて引き起される（ママ）もので、これらの二国こそは、この戦争の最大の責任者である。……したがつて、もし戦争の責任を問題にするとすれば、日本の講和条約においてこそ、特筆大書しなければならないはずである。それにもかかわらず、実際には、まつたく言及されていない」と指摘していた通りである（「平和条約の特色」、国際法学会編『平和条約の綜合的研究㊤』有斐閣、一九五一年）。これは、戦争責任問題の明記を主張する英連邦諸国などの要求がアメリカによって押えこまれたことの直接の結果だった。

また、近隣諸国の間に、日本が再び軍事大国として復活することに対する強い危惧が存在したにもかかわらず、講和条約には日本の軍備に関する制限条項は全く存在しなかったし、降伏によって日本がその履行を義務づけられていたポツダム宣言が、日本における民主主義の復活・強化のための一切の障害の除去と言論、宗教、思想の自由及び基本的人権の尊重を要求していたにもかかわらず、講和条約の中には民主化を義務づける条項が完全に欠如していた。民主化の履行を監視するための国際機関の設置も講和条約では見送られた。

さらに、この講和条約の「寛大」さを象徴しているのは、賠償問題の処理方針である。原朗によれば、「第二次大戦後における対日賠償問題は、第一次大戦後における対独賠償問題とはまったく異なる方針で処理された。その特徴としては、第一に懲罰的な巨額の賠償ではなく敗戦国日本に平和的生活の維持を認めた上で支払い可能な額の賠償を求めたものであり、第二に現金賠償を避けて設備撤去による実物賠償ないし役務賠償を基本としており、第三に戦勝国による一方的な決定ではなく受償国と日本との交渉に基づき総額と内容を決定する方式がとられた点などがあげられる」、ということになる(「戦争賠償問題とアジア」『岩波講座 近代日本と植民地8』岩波書店、一九九三年)。

また、講和条約の締結に際しては、対日無賠償政策をとるアメリカの強い圧力で連合国のほとんどが賠償請求権を放棄し、結局、日本政府が講和条約の規定に基づいて賠償支払いの要求に応じたのは、フィリピン・インドネシア・ビルマ・南ベトナムの四カ国だけとなった。

もちろん、アメリカも冷戦以前の段階では峻厳な対日賠償政策をとっており、四六年一一月に公表されたポーレー使節団による対日賠償の最終報告書では、アジア諸国を上まわる生活水準を日本国民には認めず、日本の工業施設を撤去してアジア諸国の経済復興にあてることが勧告されていた。こうしたアメリカの対日政策を強く意識して、当初は日本の財界人の中にもかなりの程度のつきつめた認識がみられた。日本経済復興期の財界のリーダーとなった石川一郎は、四六年一二月七日に、日本産業協議会会長としてポーレー報告書の見直しを求める談話「ポーレー大使の賠償問題最終報告について」を発表しているが、そこでは、見直しの根拠は次のように説明されている。

もとより、われわれが、不当なる侵略戦争の責を問われ、連合国に対する損害賠償の義務を負わねばならぬことは当然であるから、われわれは賠償負担が軽いことをのみいたずらに懇請するものではない。われわれの希望するところは、軍閥支配の桎梏から解放された国民を飢餓と窮乏の恐怖から解放し、平和的国民としての謙虚なる最低生活を維持しうる工業力を残置せられたいという一点である（『日産協月報』一九四七年一月号）。

たとえ建前の論理であったとしても、ここでは、戦争の侵略性の承認と連合国に対する賠償の支払いとは論理上の当然の前提となっているのである。

ところが、冷戦への移行に伴ってアメリカの対日賠償政策が大きく転換し、四九年五月には極東委員会アメリカ代表のマッコイ少将が従来の賠償政策の破棄を声明するという状況の変化の中で、財界人の中のこうした認識は完全に姿を消す。五一年一月二五日、経済団体連合会、日本経営者団体連盟、経済同友会などの財界八団体は、講和条約の予備交渉のため来日したダレス特使に、「講和条約に関する基本的要望」と題した意見書を提出している(『経済連合』一九五一年二月号)。この意見書は、財界が、「片面講和」を強く支持した上で、アメリカによる日本防衛義務の明確化、米軍の日本駐留と基地の提供、日本側における「国土防衛に必要なる最小限度の防衛組織」の創設などを主張している点でも注目に値するが、賠償問題に関しても、「賠償はすでに取立てられたもの限りで打切られるよう希望する」との態度が示されている。「すでに取立てられたもの」とはアメリカの中間指令権によって講和前に撤去された工業施設などをさすが、アメリカ側の政策転換を考慮にいれて、日本側の主張がいわばエスカレートしているのがわかる。

このような財界人の立場からすれば、現実に締結された講和条約の内容がきわめて満足すべきものであったことはいうまでもない。講和条約調印直後の五一年九月二七日の経済団体連合会第九回定時総会における会長挨拶で石川一郎会長は、「現在の国際情勢あるいは対日感情、また日本が犯した罪などを考えると、まずわれわれとしては望みうる最大限の寛大な講和といつて差支えないものと思う」と述べ、講和条約に最大級の讃辞を与えているのである(『経済連合』一九五一年一〇月号)。

それでは、日本政府が賠償支払いの要求に応じたフィリピンなど四カ国のその後の状況はどのようなものだったのだろうか。これらの諸国に対する賠償支払いは、一九五五年から開始され約二〇年間続いた。ところが、この時期は日本の高度経済成長期にあたっていたため日本にとっての経済的負担は軽微なものとなった。そのため、原朗の前掲論文によれば、「加害者としての贖罪意識をもって賠償を支払うことにより国際社会への復帰をはかるよりも、賠償をむしろ一つの経済的機会ととらえてそれを現地への経済的進出の契機とする意識の方が強く働」らくことになったのである。事実、特に賠償が日本製品を現物で支払うという形をとる場合には、日本企業にとってそれは、東南アジアに対する経済的進出の直接の足がかりとなった。「賠償ビジネス」の成立である(共同通信社社会部編『沈黙のファイル』共同通信社、一九九六年)。

## 国際政治の力学と戦争犠牲者

こうして、「寛大な講和」が実現することになったが、それが実現した背景には、冷戦の論理以外にも次のような要因を指摘できる。一つには、日本の侵略戦争の最大の犠牲者であったアジア諸国の国際的地位の問題である。これらの国の多くは、当時、独立と建国の途上にあって、その国際的発言権は小さなものでしかなかった。したがって、アメリカの圧倒的な覇権が確立している状況の下では、これらの国々は、再軍備問題にしても、賠償問題にしても、アメリカ政府の意向を基本的には受け入れざるをえない地位におかれていたのである。

もう一つは中国の状況である。西ドイツの場合は、同国が軍事大国として再び復活することに対する隣国、フランスの強い危惧と警戒心がアメリカの対独政策を大きく規定し、北大西洋条約機構という国際軍事機構への編入という形をとってしか西ドイツの再軍備が実現できなかったことがよく知られている。そこでは、冷戦の論理だけでは処理することのできない西側陣営内部における国益の対立が大きな意味を持っていたのである。

これに対して、極東では、西ドイツの場合におけるフランスに相当する国家が同じ西側陣営内部に存在しなかった。蔣介石の率いる国民党政権が、本来ならば、そうした役割を果たすはずだったが、国共内戦での敗北によって、その可能性は最終的に失なわれた。言葉をかえていえば、極東においては、冷戦の一方の当事者であるアメリカの国益がよりストレートに貫徹するような国際環境が存在したのである。そして、くり返し指摘してきたように、日本はそうしたアメリカの冷戦政策の最大の受益者だった。

こうした中で、講和条約の調印と同時に、日本の国内では占領下に抑圧されていたナショナリズムがいっせいに噴出し始める。そのことをよく示しているエピソードの一つは、「軍艦マーチ」などの軍歌の復活だろう。『読売新聞』の連載記事「逆コース」はこの語を流行語にしたきっかけになったものとされているが、一九五一年一一月四日付の三回目の連載の中で、この「軍艦マーチ」の問題をとりあげ、講和条約の調印後、銀座のキャバレーで、それが復活し、「いまでは商店街の売出しのチンドン屋までがなり立てる形勢にある」と報じている。

また、宮城県古川町の漆ぬり職人、森伊佐雄の五二年四月二八日の日記にも次のように書かれており、「軍艦マーチ」の復活が、草の根のレベルでのナショナリズムの復活を伴っていたことを暗示している。

自転車で銀行からの帰り道、桜丁の松屋パチンコ店前を通過しようとすると、突然店内から勇壮な「軍艦マーチ」が吹奏された。私はひどく驚かされ、自分の耳を疑った。占領以来、追放された曲のはずである。戦中の大本営発表を連想した。今日は平和条約発効の日であったのだ。……通行人も足を止めて懐しの軍歌に聞き入っている。中には曲に合わせて合唱している者もいる。ペタルを踏む私の足も、その曲に合わせている。何か郷愁に似たようなものを感じている(『昭和に生きる』平凡社、一九五七年)。

しかし、ここで確認しておく必要があるのは、冷厳な国際政治の政治力学が日本の戦争責任を曖昧化する方向に作用したといっても、そのような政治の次元での問題の処理と各国の国民感情との間には大きなズレがあったということである。戦争の最大の犠牲者であったアジア諸国の国民感情についてはあらためて指摘するまでもないが、欧米諸国の国民感情にも複雑なものがあった。最後にこの問題を簡単に見てみることにしよう。

日本政府は、講和条約の発効後、戦犯の釈放を求める国内の世論に押されて、巣鴨刑務所で刑の執行をうけている多数の日本人戦犯の釈放を関係各国に働きかけてゆくことになる。例えば、一九五三年一〇月から一二月にかけて、中央更生保護審査会の土田豊委員長は、戦犯の釈放を要請するため欧米諸国を歴訪したが、各国政府の姿勢はいずれも慎重なものであり、特に英国政府の反応は土田の帰朝報告によれば次のようなものだった。

英国側の態度は要するに米同様あるいはそれ以上に与論や議会の反響に敏感であり、

政府としては早期解決の意思を持っているにしても、一般国民感情が日本に対して良好でない現状にあっては、寛大な措置が逆効果を来《きた》し、政府の立場が甚だ苦境に陥ることがあり得るとて、事を慎重に運ぶ意向が明瞭であった。

また、五四年九月一五日、同審査会の白根松介委員長は、ウォーカー在日オーストラリア大使を訪問し、「戦犯者の家族が悲惨な生活状態にあることは、特に申し上げて置きたい」として、戦犯の早期釈放を強く要請したが、同大使から手厳しく次のように反論されている。

それは濠州でも同じことで、戦死者の家族は矢張り生活に苦しんでいる。仮に国会で政府の一人が日本戦犯者の家族が悲惨な生活をしているから、戦犯問題解決を早くしなければならないと云ったと仮定したら、濠州でも戦争による生活困難者は沢山いると反対するであろう。

以上、二つの事例は、法務大臣官房司法法制調査部『戦犯釈放史要』(一九六七年)からとったものだが、日本が行なった数々の戦争犯罪が欧米諸国の国民感情にも深い傷跡を残していることが理解できるだろう。四五年一二月から四六年一月にかけて来日した極東諮問委員会代表団の英国代表で英国有数の知日派として知られるG・サンソム卿が幣原喜重郎首相に語ったように、「日本が残虐行為をしたために、世論は今もなお非常に厳しく、したがって、日本軍は、戦争に負けたことによるよりも、おそらくその残虐行為によって、日本にいっそう大きな打撃を与えた」のである(山極晃・中村政則編『資料日本占領1 天皇制』大月書店、一九九〇年)。

以上の点を踏まえて、次章では講和発効前後の日本社会の中で、どのような戦争観の展開がみられたのかという問題について見てみることにしよう。

# 第四章　ダブル・スタンダードの成立

――一九五〇年代――

## 一九五〇年代の位置

講和条約の発効(一九五二年)、国連への加盟(一九五六年)などによって日本が国際社会への復帰をなしとげた一九五〇年代、特にその後半期は、「戦後民主主義」という新たな価値体系が日本社会の中に着実に定着していった時期でもあった。憲法第九条に対する国民の態度について見てみると、五〇年代前半の世論調査では、改正賛成論が改正反対論を上まわることすら少なくなかったが、五〇年代後半に入ると後者の優位が確定し、その差もしだいに拡大する。また、多少のタイム・ラグがあるにせよ、「戦前より戦後がよいという評価」は遅くとも六〇年代の前半までの間に、ほぼ定着する(NHK放送世論調査所編『図説 戦後世論史』日本放送出版協会、一九七五年)。

このような変化を政治のレベルで表現していたのは、「護憲」を掲げる社会党の躍進だった。衆議院選挙における同党の獲得議席数を見てみると、五二年一〇月の総選挙では一一六議席であったものが、五三年四月の総選挙では一三八議席、五五年二月の総選挙では一五六議席、五八年五月の総選挙では一六七議席に増大したのである。

「戦後民主主義」のこうした定着、とりわけ「平和憲法」に対する強い支持の背景にあるのは、いうまでもなく悲惨な戦争の体験であり、「暗い時代」の生々しい記憶である。しかし、「戦後民主主義」の背後にある国民の戦争観そのものに着目した時、そこにはかなり複雑な意識のありようが浮かびあがってくる。

## 講和をめぐる論争

五一年九月八日に調印されたサンフランシスコ講和条約は、すでに前章で詳しくみたように、戦争責任問題の取り扱いという点からいえば、「寛大な講和」という性格を色濃く持っていた。このことは、国内における講和論争にも微妙な影響を及ぼす。周知のように、講和条約の締結をめぐって日本の国内では国論を二分する激しい論争が行なわれることになるが、そこでの中心的な論点は、全面講和か単独講和かという講和の方式をめぐる議論や講和後の安全保障をめぐる議論であって、戦争責任問題の処理に関する関心は希薄であったように感じられるからである。事実、講和条約をめぐる国会審議の中でも、戦争責任の問題はほとんどとりあげられず、条約文中に日本側に戦争責任があることを明記するよう主張したのは、歴史家で参議院議員の羽仁五郎などにすぎなかった(古関彰一『「平和国

家」日本の再検討』岩波書店、二〇〇二年)。

この講和をめぐる論争の中で大きな役割を果たしたのは、知識人である。当時の代表的な知識人が多数、名をつらねた五〇年一月の「講和問題についての平和問題談話会声明」は、全面講和・中立・軍事基地の提供反対という論点を先駆的に提示して講和をめぐる世論の動向を大きく左右したことで知られている。しかし、今あらためてこの声明を読み返してみると、それが戦争責任問題に関しては、きわめて限定的な論点しか提示していないことに気づく。一つは、「戦争の開始に当り、われわれが自ら自己の運命を決定する機会を逸したこと」に対する「反省」の念の表明であり、もう一つは、「過去の戦争責任を償う意味からも」、きたるべき講和に際して、日本が東西両陣営間の「接近乃至調整」にあたるべきだとする主張である。

ここでとりわけ注意をひくのは、声明からは知識人自身の戦争協力の問題をいかに考え、いかに取り扱うべきなのかという内省的な問いかけがほとんど感じられないという事実である。

そもそも、この平和問題談話会結成のきっかけとなったのは、『世界』の四九年三月号に掲載された「戦争と平和に関する日本の科学者の声明」だった。冷戦の激化という新たな事態の中で平和を強く擁護する立場からなされたこの声明には、起草段階から日本を代表する多くの知識人が討議に参加し、それらの人々が中心となって平和問題談話会が生まれた。

ところが、この「日本の科学者の声明」の原案を討議する段階で予期せぬハプニングがおこった。討議の冒頭で歴史家の羽仁五郎が知識人の戦争責任についての言及がないことを問題にし、議長の安倍能成《よししげ》が気色ばむなど、会場が一時紛糾したのである。結局、最終的には羽仁の問題提起をうけて、声明には自己批判的な意味あいを持った次の一節が挿入される。

翻って、われわれ日本の科学者が自ら顧みて最も遺憾に堪えないのは、われわれも夙《つと》にこの平和声明に含まれている如き見解を所有しておったにも拘《かか》わらず、わが国が侵略戦争を開始した際にあたって、僅かに微弱な抵抗を試みたに留まり、積極的にこれを防止する勇気と努力とを欠いていた点である。

「この平和声明」とは、四八年七月にユネスコの八人の社会科学者によって発表された声明「平和のために社会科学者はかく訴える」であり、この声明を支持する立場から右にみた日本の科学者の声明がなされたのである。

しかし、声明に加わった丸山真男が、六八年六月の座談会「『平和問題談話会』について」の中で、「会議に参加した個人個人は、むしろ解放されたという意識の方が強くて、やや極端にいえば、自分個人として戦争責任があるとはまず思っていなかったでしょう」、「〔有効な抵抗をできなかったという〕責任意識は非常にありました。しかし、それは自分の手が汚れているということとは当然に違うわけです」ときわめて率直に回想しているように（『世界』一九八五年七月臨時増刊号）、声明に参加した知識人の間では、戦争責任や戦争協力の問題に関する当事者意識は希薄だったようだ。このことは、この声明にいう「侵略戦争」が、満州事変や日中戦争まで含めてイメージされているかといった問題とも、おそらく関連しているだろう。

とはいえ、「戦争と平和に関する日本の科学者の声明」の段階では、少なくとも戦争を防止できなかったことに対する責任の自覚がまがりなりにもみられた。ところが、講和をめぐる論争の中では、そうした問題意識すらかなり曖昧になってゆく。すでにみたように、五〇年一月の「講和問題についての平和問題談話会声明」では、知識人の問題としては、「戦争の開始に当り、われわれが自ら自己の運命を決定する機会を逸したこと」に対する「反省」が述べられているにすぎなかったのである。

## ダブル・スタンダードの成立

こうして、戦争責任問題の曖昧化を許容するような、日本の保守派にとって有利な国際環境が存在し、他方で、国内の講和条約反対派も戦争責任の問題を充分論理化できていないという特殊な状況の下で、戦争責任問題に関するある種のダブル・スタンダードがこの時期に成立する。具体的にいえば、対外的には講和条約の第一一条で東京裁判の判決を受諾するという形で必要最小限度の戦争責任を認めることによってアメリカの同盟者としての地位を獲得する、しかし、国内においては戦争責任の問題を事実上、否定する、あるいは不問に付す、というように、対外的な姿勢と国内的な取り扱いを意識的にせよ無意識的にせよ、使いわけるような問題の処理の仕方がそれである。

戦争責任問題の国内における取り扱い方を最も端的な形で表現しているのは、国会での戦犯釈放問題をめぐる動向だろう。五二年四月二八日の講和条約の発効後、日本国内では日本人戦犯の釈放を求める国民運動が大きなひろがりを持って展開され、五三年一一月一一日には、シベリア抑留者の引揚げ要求なども掲げた「抑留同胞完全救出巣鴨戦犯全面釈放貫徹国民大会」が両国旧国技館で開催された。参加者は関係諸団体の代表約一万三〇〇〇名、演壇上には三〇〇〇万人分の釈放要求署名が積みあげられたという(前掲『戦犯釈放史要』)。

このような国民運動の高揚をうける形で、国会でもこの問題が再三にわたって取り上げられ、五二年六月一二日、同年一二月九日、五三年八月三日、五五年七月一九日には衆院で、また、五二年六月九日には参院でも、共産党を除く主要会派の賛成で、戦犯の釈放を要求する決議が採択されている。

これらの決議のうち、初期のものでは、国家指導者としてのA級戦犯と戦争犯罪の直接の実行者であるBC級戦犯との区別が一応念頭に置かれていた。例えば、五二年六月一二日の衆院での決議では、決議そのものの文言の中にはないものの、提案者の益谷秀次議員(自由党)が、「一部指導的責任者の糾弾処罰はまたやむを得ないものといたしましても、特にB級、C級の戦犯者にあつては、その情状の同情すべきもの多く」という形で提案理由を説明しているし、五二年一二月九日の衆院での決議では、「まずB級及びC級の戦争犯罪による受刑者に関し」て、「適切且つ急速な措置」をとることを要求している。

しかし、概していえば、A級戦犯とBC級戦犯とを区別するという発想はほとんどみられず、決議の内容自体も、五三年八月三日の衆院での決議が、「国民の悲願である戦争犯罪による受刑者の全面赦免を見るに至らないことは、もはや国民の感情に堪えがたいもの」としているように、しだいに強硬なものになっていった。

確かに、特に、BC級戦犯裁判の場合、即決の略式軍事裁判で有罪判決がくだされるなど、手続き上の不備が東京裁判以上に大きかっただけに、釈放要求に対する国民の支持には、それなりの理由があった。しかし、そこでの最大の問題点は、戦犯受刑者の「受難者」としての性格だけに論議が集中することによって、日本人と日本国家の加害責任の問題を意識の外に追いやるような精神構造がすでに形成されていたことにあった。

事実、国会での決議への各会派の賛成演説をみても、戦犯裁判の不当性や留守家族の悲惨な境遇に対する配慮が強調されているだけで、加害責任に対する自覚はほとんどみられない。そうした中で、左派社会党の議員の中からすら、加害責任を正面から否定するような主張が現われてくる。五二年一二月九日の衆院での決議の際に賛成演説に立った古屋貞雄議員の「この世界人類の中で最も残虐であつた広島、長崎の残虐行為〔原爆投下〕をよそにして、これに比較するならば問題にならぬような理由をもって戦犯を処分することは、断じてわが日本国民の承服しないところであります」という発言がそれである。

ちなみに、社会党は、サンフランシスコ講和条約調印に際しても、賠償支払いに反対の態度をとっていた。すなわち、同党の鈴木茂三郎委員長は、条約調印問題に関する談話の中で、「生産が戦前のようやく七、八割に到達したに過ぎない日本から、このうえどれだけとられるか判らない賠償がとられることは耐え得られないことである」としていたのである（『朝日新聞』一九五一年九月九日付）。

それでは、このようなダブル・スタンダードの成立という状況の中で、どのような特質を持った戦争観がこの時期に形成されてくるのだろうか。次にこの問題について見てみよう。

## 「戦記もの」ブームの出現

一九五〇年代は、日本経済が復興の時期を終え、新しい成長の段階をむかえた時期でもあった。主要経済指標が戦前・戦時の最高水準をこえた年度を見てみると、工業生産が五五年度、実質国民総生産が五四年度、実質個人消費が五二年度、一人当り個人消費が五六年度というように、五〇年代の半ばには、日本経済は戦争の打撃からほぼ回復していた。経済企画庁『昭和三一年度年次経済報告』(一九五六年)、いわゆる『経済白書』が「もはや『戦後』ではない」と高らかに宣言したのは、まさに、そのような時代を象徴する出来事だった。

こうした時代状況の中で、この時期の最大の特徴は、「戦記もの」の出版ブームがわきおこることである。表9は、「戦記もの」(単行本)の発行点数の年次別推移を示しているが、講和条約の発効前後に第一次のブームがあり、さらに、「もはや『戦後』ではない」の五六年に戦後最高の発行点数を記録していることがわかる。

これら一連の「戦記もの」の内容は実に多岐にわたるが、そこには次のような、はっきりとした傾向性が現われていた。

まず指摘できるのは、ブームの背景に、敗戦による対米コンプレックスからの脱却という潜在的な願望が読みとれることである。軍事専門誌として現在にいたるまで根強い人気を獲得している月刊誌の『丸』は、戦後早い時期に連合出版社から発行されていた時代には比較的総合雑誌に近い性格を持っていた。それが、五六年四月号から版元が現在の潮書房にかわり、このあたりから「戦記もの」の専門誌として誌面を一新し、ブームの一翼を担うようになる。その『丸』の五七年三月号の編集後記には次のように記されている。草の根のレベルにおけるナショナリズムの復権を感じさせる印象的な一節である。

今月号は、御覧の通り「日本・海・空軍勝利の記録」特集とした。戦後ややもすれば、国際的に劣等感にとらわれがちの私たちではあるが、あの世界の大国を向うにまわして戦つてきた私たちの戦史は部分的にはかならずしも敗けてばかりいたのではない。時に胸のすくような快勝の記録がなかつたわけでは

**表9 「戦記もの」の発行点数**

| | | | |
|---|---|---|---|
| 1945年 | 1点 | 1952年 | 32点 |
| 1946 | 8 | 1953 | 49 |
| 1947 | 9 | 1954 | 18 |
| 1948 | 8 | 1955 | 11 |
| 1949 | 10 | 1956* | 60 |
| 1950 | 25 | | |
| 1951 | 20 | 合計 | 251 |

＊同年9月末現在
(間評六「戦後・戦記もの出版の全貌」『出版ニュース』1956年10月中旬号)

ない。この事実があることを私たちは一時でも忘れてはならないと思う。

## 旧幕僚将校による戦記

この時期の「戦記もの」のもう一つの特徴は、特に講和条約の発効前後の時期に、幕僚勤務の経験を持つ陸海軍のエリート将校の著作が次々に出版され、ベストセラーになったことである。代表的なものを例示すれば、五〇年に出版された辻政信の『十五対一』(酣燈社)、同『潜行三千里』(毎日新聞社)、五一年に出版された猪口力平・中島正『神風特別攻撃隊』(日本出版協同株式会社)、淵田美津雄・奥宮正武『ミッドウェー』(同上)、同『機動部隊』(同上)、五二年に出版された草鹿龍之助『連合艦隊』(毎日新聞社)、少し時代が下がって五六年に出版された服部卓四郎『大東亜戦争全史1～8』(鱒書房)等である。

旧幕僚将校によるこれら一連の著作は、いずれもきわめて強いバイアスを持っているが、さしあたり、ここでは次の二点だけを指摘しておきたい。第一には、それが彼ら自身の思考様式をストレートに反映して、服部卓四郎『大東亜戦争全史』に典型的にみられるように、作戦指導・戦争指導という限定された狭い視角からみた戦争史の叙述に終始していることである。この『大東亜戦争全史』は服部の著作とされてはいるが、実際には各戦域の作戦参謀クラスの旧幕僚将校が分担執筆し、元大本営参謀の稲葉正夫が全体のとりまとめにあたったものである（陸軍史研究会編『日本陸軍の本総解説』自由国民社、一九八五年）。その意味でも幕僚将校の典型的な思考様式を映し出した著作だといえるだろう。

さすがに「合理主義的」とされる海軍関係者の著作の場合は、陸軍関係者のそれと比較するならば、少なくとも敗因の分析に関しては、より立ち入った考察をくわえてはいる。しかし、その場合でも右の『機動部隊』が、「太平洋戦争は空の戦さであった。……だが飛行機が中心となった近代戦では、長い間のやりくり軍備という具合にはゆかない。航空軍備は国家の総力に直結し、国民生活の潜在能力がすぐものを云」うと結論づけているように、敗因はもっぱら、経済力＝「物」の問題だけに還元されているのである。

同時に、彼らの本来の専門領域であるはずの狭義の軍事史に関しても、その分析には独特のゆがみがみられる。特に、中国戦線におけるゲリラ戦の広範な展開という事態に象徴されるような、民族的な抵抗が巨大な抗戦力を形成するという世界史の大きな流れが、全く視野の中に入っていないという点では、いずれの著作も共通している。服部卓四郎と面識のあった経済評論家の長谷川慶太郎は、この点に関連して次のような印象的なエピソードを紹介している。

戦後『大東亜戦争全史』を発表した服部大佐に「中国戦場、フィリピン戦場を含め、各地で日本軍を苦しめたゲリラ戦についての記述がないのは、どういうわけか」とたずねたことがある。その答えとして、「われわれは正規軍であり、戦史というのは正規軍同士の戦闘を扱うものだから、ゲリラ戦など戦局の大勢を動かすものにならないと考えて、省略した」といわれておどろいた記憶がある(『近代日本と戦争1』PHP研究所、一九八五年)。

アジア・太平洋戦争の期間中、二度にわたって参謀本部作戦課長の要職にあった人物の対アジア認識がこの程度のものにすぎなかったという事実は、我々日本人自身の対アジア観を問い直す意味からも、記憶されるべき事柄だと思う。

旧幕僚将校の著作の第二番目の特徴は、それが、軍部とその中枢部に身を置いた自分自身の戦争責任の問題に対する自覚と反省を完全に欠落させていることである。その点で最も典型的な事例は、五〇年代初めに多くのベストセラーを書いた辻政信だろう。辻の著作は、作戦参謀としての自己の戦場体験に基づいた戦記だが、機略と行動力に富んだその活躍ぶりや、無為無策の軍上層部に対する痛烈な批判が、読者に強くアピールしたようだ。

大宅壮一が、辻の著作について、「主人公が真田幸村のような大軍師になって、神出鬼没の大活躍をするところが、占領下にある人々の血を沸かせるのである。これは新しい講談であり、大衆文芸である」と語っているように(『旬刊読売』一九五二年三月二一日号)、講和の実現＝占領の終結によって解き放たれたナショナリズムの奔流が、その背景にあったといっていい。

しかし、辻自身はその著作の中で全くふれてはいないが、参謀本部作戦課戦力班長時代の辻は対米開戦論の急先鋒であり、田中新一作戦部長、服部卓四郎作戦課長とともに、「大東亜戦争開戦の原動力」となった人物である（高山信武『服部卓四郎と辻政信』芙蓉書房、一九八〇年）。（つまり少なくとも対米開戦には直接の責任を有しているにもかかわらず、辻はそのことに関しては完全に口を閉ざしているのである。

ところで、敗戦とその後の現実が旧軍人の思想にどのような変容をもたらしたのかという視角から旧軍人の戦後の思想を分析した鶴見俊輔は、元第八方面軍司令官の今村均が、「明治育ちの陸軍軍人としての思想のルールをかえないままに、そのルール（例えば、軍人の政治不関与）を、かつて自分が同時代に適用した以上のきびしさをもってさかのぼって当時に適用して、十五年戦争における軍人たちの行動を反省するという形で、わずかの転向をおこなった」のに対し、服部卓四郎の場合は、敗戦という現実に、「ほぼ完全に非転向をもってむくいた」と結論づけている。鶴見によれば、「両者のちがいの根にあるものは、服部とちがって今村にある深い責任意識」だった（『転向研究』筑摩書房、一九七六年）。

辻や服部によって代表される幕僚グループとは、陸軍の場合でいえば、各級指揮官を補佐する参謀将校や陸軍省、参謀本部などの軍中央部にあって軍首脳部のスタッフ的機能を果たすエリート将校をさす。「下剋上」という言葉に象徴されるように、陸海軍を問わず、彼ら幕僚グループは、一五年戦争の過程で軍上層部をロボット化して、軍内部の実権を確実に掌握していった。にもかかわらず、彼らは形式上は直接の権限と責任とを有しない補佐官にすぎず、そこから責任意識の希薄さという日本の幕僚に固有な特質が生まれたのである。

少し、旧幕僚将校の著作にこだわりすぎたかもしれない。しかし、この問題を重視したのは、重要史料の発掘と公開がきわめて不充分な形でしか行なわれていない状況の中で、彼らが戦争の全体像を俯瞰しうる立場にいた強みをフルにいかして、戦後史のある段階まで、戦争史の解釈をいわば独占してきたからである。この独占状態がくずれるためには、やはり、ここでも長い時を必要とした。

## 「国民の戦記」の登場

ナショナリズムの復権、旧幕僚将校の著作のベストセラー化とならんで、この時期の「戦記もの」のもう一つの特徴としては、無名の将兵の戦争体験記が、五〇年代半ば頃から目立って現われてきたことがあげられる。「国民の戦記」の登場といってもいいだろう。代表的なものとしては、先の『丸』に掲載されているような数多くの戦記をあげることができるが、ここでは、もう一つの重要な出版物として、月一回、小冊子形式で土曜通信社から発行されていた『今日の話題　戦記版』を検討してみる。

一回一話の形で一般将兵の戦闘体験記を掲載したこの「戦記もの」の純専門誌は、五四年一月に第一集が発行され、六二年八月の第一〇四集をもって休刊となった。第一集の定価は三〇円で総ページ数は三八ページ、書店売りよりは、駅の売店での販売が中心だったようである。

第七六集以降は、一回一話形式の戦記がしだいに少なくなり軍事総合誌的な色彩をおび始めるので、性格の一定している五九年一一月発行の第七五集までの内容を検討してみると、いくつかの特徴的な傾向性が浮かびあがってくる。表10は、各戦記の執筆者を階級別に分類したものだが、陸海軍間でかなりの相違があるものの、全体としてみた時、陸軍士官学校・海軍兵学校卒業の正規将校は少なく、たたきあげの下士官、および下士官から選抜された下級将校(陸軍でいえば少尉候補者出身の将校、海軍では特務士官)が主力であることがわかる。詳しい軍歴が不明のため推測になるが、敗戦後に陸海軍の各将兵を一階級進級させた「ポツダム進級」の存在や、次にみるように航空機搭乗員が多いことをも考慮に入れるならば、執筆者の最も標準的なタイプは、志願兵出身の下士官ということになるだろう。

執筆者のこうした性格を反映して、大部分の戦記は、戦争の性格や位置づけについての問いかけを全く欠いたままに、その戦争の下で日本軍の一般将兵がいかに勇敢に戦い、自らに与えられた任務を全うしたかを強調する内容になっている。そこには、連合軍と戦闘の面では互角にわたりあったのだという、たたきあげの下士官の強烈なプライドのような

表10 『今日の話題 戦記版』執筆者の分類

| | 陸軍 | 海軍 |
|---|---|---|
| 兵 | 1 | 1 |
| 下士官 | 6 | 9 |
| 准士官 | 准尉 2 | 兵曹長 6 |
| 将校 | 中尉 3 | 少尉 11 |
| | 大尉 3 | 中尉 5 |
| | 少佐 1 | 大尉 9 |
| | | 少佐 3 |
| | | 少将 1 |
| | 小計 7 | 小計 29 |
| | うち士官学校卒業者1, 不明2 | うち兵学校卒業者12, 経理学校卒業者1 |
| その他 | 軍嘱託 1 | 予科練習生 2 |
| 計 | 17 | 47 |

＊第1集〜第75集及び特別集(編集部がまとめた第6集を除く)に戦記を書いている64人の人物につき集計. 詳しい軍歴がわからないため, 階級は最終時もしくはその戦記でとりあげられた戦闘参加時のもの. なお, 士官学校卒業者については少尉候補者出身の者を除外してある.

ものが感じられるし、その点がまた読者にも強くアピールしたのだと思う。その意味では、この『今日の話題　戦記版』の背景にあるのも、すでにくり返し述べたような復権したナショナリズムである。

なお、この点に関連して、五六年一～二月に政府が実施した「防衛問題に関する世論調査」(全国の満一八歳以上の男女三五〇〇名を対象、回収率＝八三・七％)には、「昔の軍隊教育では、しっかりした人間が出来たという人がありますが、あなたもそう思いますか、そんなことはないと思いますか」との注目すべき設問がみられる。これに対する回答は、「そう思う」＝四二％、「そんなことはない」＝三七％、「わからない」＝二一％であり、未だこの段階では旧軍に何らかの形で積極的な意義を見出そうとする人々がかなりの割合に達していたのである(内閣総理大臣官房審議室「防衛問題に関する世論調査」一九五六年)。

ただ、ここで注意を払う必要があるのは、そのナショナリズムが第一線で苦闘した一般の将兵に対する強い共感と同時に、軍の上層部に対する反感を内包していたことである。『今日の話題　戦記版』には、毎号、「土曜通信・受信箱」という読者の投稿欄が設けられているが、その中には次のような印象的な投稿が散見される。

僕は……陸攻隊整備員として終始した関係で、陸攻整備員の蔭の労苦は忘れようとしても忘れられるものではありません。現在流行している(流行とは言いすぎか)戦記

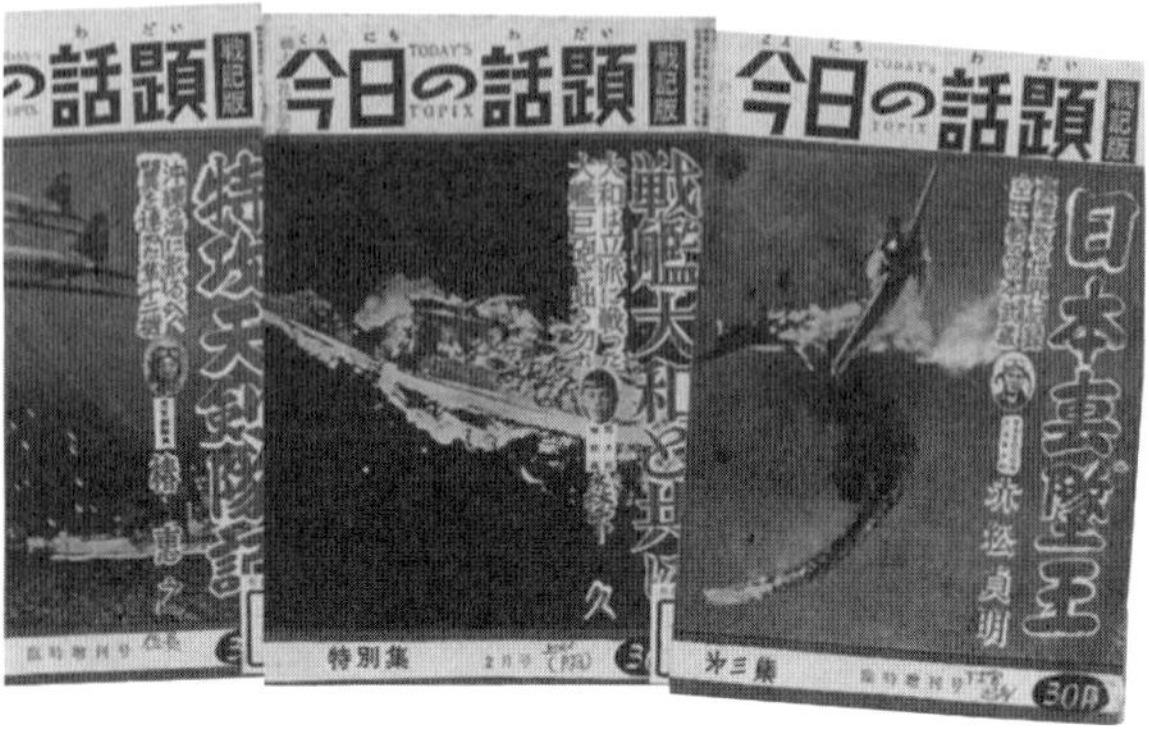


駅の売店などで売られた「戦記もの」の純専門誌『今日の話題　戦記版』

物の中には、当時の指揮官とか隊長とか、いわゆる偉い人の作品が多く、下積みになつた兵士たちが戦争で味わつた苦痛の中から生れた記録は少く、まして航空部隊の地上整備員を書いたものは見たこともありません（第三五集）。

　私は戦争を好むものではありませんし、また、今次の大戦が、必ずしも正しいものだつたとは思いません。戦争そのものの責任は、当時の指導層にあつたことと信じていますけれど、実際の戦いに当つた人々には「祖国を守る」ということ以外になかつたと思います（第三八集）。

　最近は戦記物ブームというのでしょうか、高級司令部や、後方にいた参謀らが得意になつて発表していますが、その人たちの下で前線で使われた何万という兵士の犠牲があるのです(第三九集)。
今次大戦を身を以つて知るものは、決して高級将官や高級参謀ではなく、むしろこれら第一線に挺身した名もなき下級将兵であつたことからして、貴誌の内容は、いずれも得がたいものがあると信じます(第五一集)。

次に表11を見てみよう。これは、『今日の話題 戦記版』に掲載された戦記を内容別に分

**表 11　戦記の分類**

| | 陸軍 | | 海軍 | |
|---|---|---|---|---|
| 陸戦 | | 8 | パラシュート部隊 | 1 |
| | | | 陸戦隊 | 1 |
| 海戦 | 特攻艇 | 1 | 戦艦 | 5 |
| | | | 空母 | 3 |
| | | | 巡洋艦 | 8 |
| | | | 駆逐艦 | 2 |
| | | | 潜水艦 | 7 |
| | | | 小計 | 25 |
| 空戦 | 爆撃機 | 1 | 戦闘機 | 11 |
| | 戦闘機 | 10 | 艦上爆撃機 | 2 |
| | | | 艦上攻撃機 | 5 |
| | | | 陸上攻撃機 | 6 |
| | | | 水上偵察機 | 2 |
| | | | 小計 | 26 |
| その他 | — | | 予科練 | 1 |
| | | | レーダー戦記 | 1 |
| 計 | | 20 | | 55 |

＊第1集～第75集プラス特別集＝76の戦記のうち編集部がまとめた第6集を除く75の戦記を分類．同一人物が複数の戦記を書いている場合はそのまま計上した．なお，空母の艦載機の戦記はすべて空戦に分類し，航空機搭乗員以外の乗組員による戦記を海戦に分類してある．潜水艦に搭載された水上偵察機の場合も同様．

類したものだが、陸上戦闘の戦記がきわめて少なく、空戦と海戦、とりわけ空戦の戦記が主流を占めていることがわかる。この「飛行機のり」たちの特殊な意識のあり方については、アメリカ社会におけるベトナム戦争の記憶についてのすぐれた記録をまとめた生井英考が、次のように書いている。生井によれば、パイロットとは、「遥か空の高みから戦場を眺めおろす特権を握る人々」だった。

アメリカの各軍は現在に至るまでヴェトナム戦争に関するさまざまの分析書や戦史書を公刊しているが、なかでもとりわけ空軍は、殆ど通俗読みものに近いような内容の戦史を「USAFモノグラフ」として多数出版している。そのなかで最も目を惹くのが、「空のヒーロー」たちの殊勲談だ。そこには、泥にまみれて地の底を這いずりまわることなく、この戦争を鳥瞰した者たちの自意識のありようが明瞭に刻み込まれている(『ジャングル・クルーズにうってつけの日』筑摩書房、一九八七年)。

つまり、高度に専門化されたプロフェッショナルである航空兵の場合、その戦闘の特殊性ゆえに、生身の人間を殺したという実感に乏しく、その分だけ戦争に対する罪悪感は一般に希薄である。したがって、血みどろの死闘を経験した地上兵の場合には、自らの戦争体験に封印をし沈黙を守るというタイプの人々が少なくなく、彼らが重い口をひらくのには長い時を必要とするのに対し、航空兵の場合には、華々しい戦記として、自己の過去の戦闘体験を、それも戦争終結後、かなり早い段階から記録に残そうとする傾向がある。航空戦の「発達段階」に格段のちがいがあるにせよ、『今日の話題　戦記版』の事例がよく示しているように、このことは一五年戦争を戦った日本の航空兵にもほぼ完全にあてはまる。

同時に見方をかえていえば、『今日の話題　戦記版』の主流を空戦記が占めているのは、読者が無意識のうちに、暗く凄惨な戦争の現実と向きあうことを拒否し、勇壮で華々しい読み物としての「戦記もの」を求めているからだろう。このことは、恐らく編集者の側も意識していて、五五年二月発行の特別集には、「『今日の話題』は第二次大戦中太平洋地域に於て戦つた方々の実戦記を主な内容として、毎月発行されているものであります」という編集方針の説明がみられる。これは、「太平洋戦争」＝対英米戦争という編集者の戦争観の反映であるとともに、中国戦線での地上戦は戦記としての「華やかさ」に欠けるという認識が編集者の中にあることを暗示しているといえるだろう。

その結果、この『今日の話題　戦記版』には、中国戦線での戦闘そのものをとりあげた戦記は全く登場しないし、アジアに対する加害責任の痛覚のようなものも、少なくとも表面には現われてきていない。

## 戦争観をめぐる対抗

しかし、この時期の国民の戦争観の中で、「戦記もの」に代表されるような戦争認識の潮流が重要な位置を占めていたのは事実であるが、他方でそれと対抗する有力な潮流も確かに存在した。

まず気がつくのは、「戦記もの」ブームには、その「好戦性」に対する根強い反発が存在したことである。数多くの戦記を送り出すことでブームの火つけ役となった日本出版協同株式会社の福林正之社長は、自社の編集方針について、「当然のことながら、その内容は飽くまでも正確な歴史的事実の追究にあるので、執筆態度も『その時の、そのままの気持ちで、そのままの事実を』という方針で貫くことにした。つまり今日の思想で批判すれば間違っているかも知れないことでも、その時は是なりと信じてやったことであれば、そのまま記述して貰うことにした。これが誤解の種を蒔く一因であったかも知れない。しかし、そうしなければ真実は伝わらない」と書いているが(「戦記物の流行――いかに理解し批判するか?」『出版ニュース』一九五二年三月中旬号)、そこには明らかに「戦記もの」への風あたりの強さに対する強い自覚と、それゆえの弁明がある。

また、軍上層部に対する反感の根強さも見逃すことができない。五五年二月発行の『特集文藝春秋　日本陸海軍の総決算』は、著名な将軍や幕僚将校の手記だけによって構成された「太平洋戦争史」であり、その発行部数は四〇万部に達したといわれる。しかし、同誌の田川博一編集長は、「〝日本陸海軍の総決算〟で将軍や参謀は敗戦の責任者であるのに反省してないという投書が多かった。編集部でも片手落ちだと思い、そこでこんどは応召兵が太平洋戦争をどうみているか、〝赤紙一枚で〟というテーマで無名の人を中心に体験談、戦争観をまとめてみた。千編ぐらい原稿が集ったが『戦争はたまらない』というのが大半だった」と語っている(『毎日新聞』一九五六年四月一二日付)。〝赤紙一枚で〟は、五六年四月発行の『特集文藝春秋』のことで、「第一線で悪戦苦闘をした市民兵の手記を中心に編集した。これを遺家族の人々に捧げる」という編集部の巻頭言が掲げられている。

もう一つ注目すべき事実は、「戦記もの」とは完全に対立する内容を持った二つの著作が、ちょうどこの時期にベストセラーとなっていることである。一つは、遠山茂樹・今井清一・藤原彰の共著『昭和史』(岩波新書、一九五五年)である。マルクス主義的な歴史学者による昭和史の概説書として書かれた本書は、「ふたたびこのようなにがい戦争の体験をくりかえしてはならない」という一貫した問題意識の上に立って、なぜ、あの戦争がおこり、なぜ、国民はそれを阻止できなかったのかを構造的に明らかにしようとしている点に特徴がある。と同時に「はしがき」の中の一節に、「これまでさまざまの回顧録や戦記物が出た。その多くは戦争責任者の自己弁護の書であったり、または歴史の一局面だけを当事者のせまい経験をとおして見たものであった」とあるように、「戦記もの」に代表されるような戦争認識の潮流に対する対決姿勢を鮮明にしている点でも、重要な意味を持つ。

もう一つは、五味川純平の小説『人間の条件1〜6』(三一新書、一九五六〜五八年)である。歴史家のねずまさしによれば、本書は、「満州の日本人と日本軍の残虐行為を文学にのぼせた」最初の作品だった(「日本の戦争文学」『歴史評論』一九七六年二月号)。

さらに、五五年から五六年にかけて、「進歩的文化人」の戦争協力の問題から、侵略戦争を阻止できなかった共産党の政治責任にいたるまで、戦争責任をめぐる議論が活発化し、本格化したことも見逃せない。特にこの時期は、吉本隆明のような戦後派の知識人による戦中派の知識人の責任追及が大きな衝撃を与えた点に特徴があった。吉本は年齢的には必ずしも戦後派とはいえないが、戦争協力の直接の体験を持たない世代が、いわば告発者として登場してきたのである。そこには、アジア諸民族に対する加害責任の問題が論点としては必ずしも深められていないという大きな欠陥があったが、鶴見俊輔が指摘しているように、ちょうどこの時期に、東京裁判や公職追放などによって、「制度的につくりだされた戦争責任意識が、前記の諸制度の廃止ならびに無効化にともなってしぜんに消滅したあとで、戦争責任意識を自力でつくりだす動きが見え」始めたのである（「戦争責任の問題」『思想の科学』一九五九年一月号）。同時に、五〇年代後半のこの時期は、再軍備反対、軍事基地反対などを掲げた平和運動が拡大する中で、憲法の理念の重要性が運動の中でもはっきりと自覚されていった時期でもあった（森英樹「平和運動における日本国憲法」『法律時報』第四七巻第一二号、一九七五年）。

## 最大公約数的な戦争観

こうした中で、注目に値するのは、海軍記者としての長い経歴を持つ軍事評論家の伊藤正徳の著作『連合艦隊の最後』（文藝春秋新社、一九五六年）、『帝国陸軍の最後1～5』（同上、一九五九～六一年）などが次々に発表され、ベストセラーになったことである。

伊藤の著作が重要な意味を持つのは、旧幕僚将校の著作が、どちらかといえば、占領によって抑圧されていたナショナリズムが噴出する講和前後の時期に集中する傾向があるのに対し、伊藤の場合、「戦後民主主義」の定着がはっきりとした形をとって現われる五〇年代後半のベストセラーであり、そこには国民の最大公約数的な戦争観が凝縮されていると考えられるからである。伊藤の一連の著作の特徴的な論点を要約してみると次のようになる。

(1)　侵略戦争とは必ずしも明言していないものの、満州事変以降の戦争が大義名分を欠いた正当化できない戦争であったという認識では一貫していること。また、対中国戦争が「太平洋戦争の根本原因」だとするはっきりした認識を持っていること。

(2)　戦争責任の問題では、「戦争を発起した少数の軍閥」が激しく糾弾されるとともに、一般の将兵には責任がないことが強調されていること。同時に、一般将兵の犠牲的精神や祖国愛に最大級の高い評価が与えられていること。

(3)　「大日本帝国」の時代のすべてを決して肯定している訳ではないが、「栄光」の連合艦隊への強い共感が、たえず、その時代に対するノスタルジアをよびさましていること。

(4)　対中国戦争とアジア・太平洋戦争の連続性の問題が明確に認識されているにもかかわらず、アジア認識の面では大きな限界を指摘できること。

四番目の問題についてもう少し詳しく見てみると、『帝国陸軍の最後5』の中で、敗戦時の中国戦線の状況について伊藤が次のように書いているのが注意をひく。

　何という純真にして素朴なる日本の兵隊であろう。それだから、八カ年の遠征に五十五回戦って五十一勝一敗三引分という無類の勝率を挙げ得たのである。……やがて八月十五日が来た。「何だ、勝っている方が敗けている奴に降参するのか？」という割り切れない感情が、支那派遣軍幹部の胸を斉《ひと》しく搔きむしった。

五五戦五一勝一敗三引分という「勝率」を算定できるのは、伊藤が、上海攻略戦、南京攻略戦などの日中戦争以降の軍（数個師団からなる軍隊の編成単位）を単位とした作戦だけをひろいあげ、その「勝ち負け」を判定しているからである。当然のことながら、このような算定方式をとる限りは、ゲリラ戦に象徴されるような民族的抗戦の持つ意味は全く視野の中に入ってこない。

ここで、表12・13を見てみよう。表12はアジア・太平洋戦争期の地域別陸軍兵力である。海軍の場合には同様の統計を欠き、またその主力が「南方」にあるのは事実だが、広大な占領地を維持するため、実に多くの陸軍兵力が中国戦線に釘づけにされているのがわかる。また、表13の臨時軍事費（戦費）の地域別支出額をみても、多額の戦費がこの戦線にいわば吸いとられていたことが理解できる。つまり、中国の民族的抗戦は、対英米戦を戦う日本の戦争遂行能力に着実なダメージを与え続けていたのである。

伊藤の場合、問題なのは、こうしたアジア認識の歪みが、アジアに対する大国主義的な意識と一体のものとなっていたことである。『連合艦隊の最後』の中の、「〔敗戦さえなければ〕領土を失わずに済み、世界一流の大国として存在し得たことを考えれば、『惜しさ百

**表 12　地域別陸軍兵力**

（単位：1000 人）

| | 1941 年 | | 1942 年 | | 1943 年 | | 1944 年 | | 1945 年 | |
|---|---|---|---|---|---|---|---|---|---|---|
| | | % | | % | | % | | % | | % |
| 日本本土 | 565 | 27 | 500 | 21 | 700 | 24 | 1,210 | 30 | 2,780 | 43 |
| 中　　国 | 680 | 32 | 680 | 29 | 680 | 23 | 800 | 20 | 1,200 | 19 |
| 満　　州 | 700 | 33 | 700 | 29 | 600 | 21 | 460 | 11 | 780 | 12 |
| 南　　方 | 155 | 7 | 500 | 21 | 920 | 32 | 1,630 | 40 | 1,640 | 26 |
| 合　計 | 2,100 | 100 | 2,380 | 100 | 2,900 | 100 | 4,100 | 100 | 6,400 | 100 |

＊朝鮮・台湾の兵力は日本本土の兵力の中に含まれている．
（大江志乃夫編『支那事変大東亜戦争間動員概史』不二出版，1988 年）

**表 13　臨時軍事費地域別年度別支出済額**（日本本土をのぞく）

（単位：100 万円）

| | 1941 年度 | | 1942 | | 1943 | | 1944 | | 1945（4-10 月） | | 合　計 | |
|---|---|---|---|---|---|---|---|---|---|---|---|---|
| | | % | | % | | % | | % | | % | | % |
| 朝鮮 | 223 | 8 | 239 | 5 | 231 | 2 | 605 | 1 | 1,435 | 11 | 2,733 | 4 |
| 台湾 | 120 | 4 | 148 | 3 | 280 | 3 | 558 | 1 | 1,404 | 11 | 2,510 | 3 |
| 満州 | 1,200 | 41 | 1,406 | 30 | 1,662 | 17 | 2,294 | 5 | 1,711 | 14 | 8,273 | 11 |
| 中国 | 1,062 | 36 | 1,512 | 32 | 4,302 | 44 | 27,828 | 64 | 6,837 | 54 | 41,541 | 57 |
| 南方 | 321 | 11 | 1,374 | 29 | 3,328 | 34 | 12,166 | 28 | 1,237 | 10 | 18,426 | 25 |
| 合計 | 2,926 | 100 | 4,679 | 100 | 9,803 | 100 | 43,451 | 100 | 12,624 | 100 | 73,483 | 100 |

（大蔵省昭和財政史編集室編『昭和財政史 4』東洋経済新報社，1955 年）

倍』」という表現や、「今や中共や朝鮮と兵力を比較するまでに落ちぶれた日本海軍」、あるいは、「〔戦時中の日本の建艦状況にふれて〕東洋のいずれの大国がこの何分ノ一でも造れるか」といった表現の端々に、そうした大国主義的な意識が見えかくれしている。

旧幕僚将校との比較でいえば、伊藤の著作は、はるかにバランスのとれたものとなっているが、対アジア認識の面では意外に共通する面が大きいといえよう。

最後に指摘しておきたいことは、アジア認識の面でのこのような限界は、程度の差こそあれ、当時の知識人たちにも共通する特徴であったことである。五六年八月一三日付の『日本読書新聞』第八六一号は、「戦争の記憶」に関する大がかりな読者アンケートの集計結果を掲載している。同紙の性格上、読者には「進歩的」と評されるようなインテリ層が多いことがアンケート結果からもうかがえるが、かつての戦争に対する評価の面では、「支配的見解は〝侵略戦争〟観」とされる一方で、戦争責任の問題については、関心は国内における責任追及の問題に集中し、一八一の回答中、「アジアの諸民族にたいする侵略の責任に言及したもの」は、二例にすぎないという「意外な結果」が報告されている。この点について同紙は、「日本人の世界史にたいする認識の盲点を示すものではないだろうか」と結論づけているが、戦争責任問題への関心が高いと思われる層においてさえ、このような認識の歪みがみられたことを確認しておく必要があるだろう。

以上、主として五〇年代における戦争観の特質について見てきたが、次章では高度成長が日本人の戦争観にどのような影響を及ぼしたのかという問題について検討してみることにしたい。

# 第五章　戦争体験の「風化」

## ——高度成長期——

## 「戦後」の「終焉」

すでに述べたように、一九五六年度の『経済白書』は、「もはや『戦後』ではない」として、日本経済が復興の段階を終え、新たな成長の段階に移行したことを高らかに宣言していた。しかし、花森安治が白書のいう消費内容の「高級化」について、「カサをさしながらラジオ屋の店先でテレビを見ているのが『高級化』なのだろうか。間借りにくさくさして、バスに乗って映画を見に行くのが『高級化』なのだろうか。病気になられては一家真っ暗だから、無理してお父ちゃんに肉や玉子を食べさせているのが、なにが『高級化』なものか」と激しく反発しているように(『朝日新聞』一九五六年七月一七日付)、このような宣言と国民の生活実感との間には、大きなズレが存在した。

事実、財界人の中にも、木内信胤《のぶたね》(世界経済調査会理事長)のように、「しかし誰が何といつたとて、日本国の経済は戦前を凌ぐ水準に達したのみならず、戦後のみじめな気分でものを考えている人はもうめつたにいないのだから、戦後は立派に終つたのである」と主張する論者が存在する一方で(「今後いかに進むべきか」『経営者』一九五六年一〇月号)、国民生活のひずみを冷静に見すえようとする論者も少なくなかった。例えば、堀武芳(経団連通貨金融委員長)は、「もはや『戦後』ではない」とする見方そのものを批判して、「こうした見解は、われわれの生活実感からいって容易に納得し難い。われわれの身近な生活をふり返ってみると、衣と食とはようやく日日の生活に事欠かなくなったが、住の問題は大部分の人々にとって未解決のまま残されている。また青年層の人々の所得や生活水準は、かなり戦前に近づいてきているが、中年層の場合においては、まだ戦前とかなりのへだたりがある」と書いている(「経済白書に対する一、二の意見」『経団連月報』一九五六年九月号)。

また、この『経済白書』については、経済企画庁編『現代日本経済の展開　経済企画庁三〇年史』(大蔵省印刷局、一九七六年)自身が、次のように総括している。

あの頃の経済をふり返ってみると、フローの面では戦前並みかそれ以上の水準に到達していたものの、市街地にはまだ戦災の焼け跡があちこちに残っていたし、庶民の家にしても俄《にわ》かづくりのバラック住宅が多く、都市生活者のフトコロも貧しく、そういった意味ではまだ戦後は残っていた。にもかかわらず、経済白書がもはや戦後ではないと立言したのは、日本の経済も経済政策も、戦前復帰を尺度にした戦後意識を脱けでて、新たな展望に立ったナショナル・ゴール(国民的な経済目標)に向って新たな努力をしなければならないことを強調したものであった。その目標とは、戦前とは全く異った姿で日本経済全体を近代化し、経済力を豊かにし、欧米水準に追いつくことであった。

つまり、国民の生活実感に即していえば、五〇年代半ばのこの段階で、「もはや『戦後』ではない」という歴史意識が定着するのには無理があったのである。

とはいえ、戦後処理の問題が完全に意識の外に追いやられ、右の経済企画庁の総括にあるように、「生活の豊かさ」だけを唯一の判断規準にして「戦後」の終焉を判定しようとする空気が支配的な状況の下では、その後の急速な経済成長による国民生活の向上が、ほぼ自動的に、「もはや『戦後』ではない」とする実感を広範囲に生み出していったことも確かだった。五五年の数量景気、五六〜五七年の神武景気、五九年から六一年にかけての岩戸景気というように、日本経済は長期の繁栄を謳歌し、いよいよ高度成長が本格的な軌道に乗るが、この高度成長の時代は、歴史意識の面ではまさにそういう時代だった。東京オリンピックの開催を目前にひかえた六四年八月一五日付『読売新聞』社説の次の一節は、戦争を完全に過去のものとみなすこの時代の雰囲気をよく伝えている。

きょうは終戦十九年目の記念日にあたる。昨年は米英ソ三国間の部分的核停条約が成立し、わが国も七月末には同条約に参加することを決定したので、終戦記念日としてはなにかしら明るい気分があり、平和がようやくよみがえったという感があった。

本年はオリンピックをひかえて、さらに明るい空気がみなぎっており、戦争の記憶も遠い過去となったようである。

まことにけっこうなことである。二十年もたった今日、いまなお敗戦や終戦について語ってみたところで、さして有益でもないだろう。敗戦からすでに多くの教訓をひきだし、たび重なる反省もしてきたことゆえ、ことしあたりを転機に、前向きの姿勢をとって、将来の日本のありかたについて検討してみたり、その基礎となるものをさがしてみたりする機会にしたほうがよいと思われる。

それでは、この高度成長の時代に、かつての戦争はどのように総括され、どのような形で回顧されたのだろうか。この章では、この問題を検討してみようと思う。

## 全国戦没者追悼式の開催

六三年五月一四日の閣議は、「全国戦没者追悼式の実施に関する件」を決定し、以後、毎年八月一五日には、政府主催の全国戦没者追悼式を実施することが恒例の行事となった。いわゆる「終戦記念日」である。「今次の大戦における全戦没者に対し、国をあげて追悼の誠を捧げる」ことを目的にしたこの国家的行事は、戦後の日本社会における過去の戦争の位置づけを象徴的に示している点できわめて重要な意味を持つ。

まず指摘できるのは、それが日本人の戦没者の追悼だけを目的とした「内向け」の国家儀式であることである。右の閣議決定に、「本式典の戦没者の範囲は、支那事変以降の戦争による死没者（軍人・軍属及び準軍属のほか、外地において非命にたおれた者、内地における戦災死没者等をも含むものとする。）とする」とあるように、そこでは、欧米諸国だけでなく日本の侵略戦争の直接の対象となったアジア地域の戦争犠牲者の存在が完全に視野の外に置かれていたのである。

また、この年の追悼式の式辞の中で池田勇人首相が、「戦後わが国は平和を礎として文化と経済にいちじるしい発展をとげたが、この底には祖国の栄光を確信して散った多くの人々の願いがあったことを忘れてはならない」と述べていることも重要である。なぜなら、そこでは、侵略戦争か自衛戦争かといった、過去の戦争の歴史的評価そのものはあいまいにされ棚上げにされた上で、戦没者＝今日の繁栄の礎という、その後の歴代の首相式辞の中でくり返される、安易な意味づけの原型が提示されているからである。

ところで、恒例行事としての全国戦没者追悼式は、この六三年のものが最初だが、実はそれ以前に同様の式典が一度だけ開催されている。講和発効直後の五二年五月二日に政府主催で開催された追悼式がそれだが、この時は、「再びこのような大きな不幸が繰り返さ

1967年(左)および68年(右)8月15日正午の東京．左は銀座，右は新宿
(提供＝朝日新聞社)

れることのないように祈念するものであります」(吉田茂首相)、「物故者の一人々々はたとえ当時国策上の誤りに禍いされたとはいいながら、忠誠の士であり、国土を守り続けた同胞でありますす」(佐藤尚武参院議長)、「戦争自体に対する批判と戦没者に対する追悼と感謝は全く別のことであります」(田中耕太郎最高裁長官)等々の追悼の辞に示されているように(『朝日新聞』一九五二年五月二日付夕刊)、程度の差こそあれ、あの戦争が正当化することのできない戦争であったという点では共通の前提があった。それが、六三年以降の追悼式では、そうした前提すらあやうくなっていったのである。

忘れてはならないのは、このような性格を持った「内向け」の国家行事が、日本人戦没者の追悼行事としても急速に形骸化していったことである。六三年八月一四日、黒金泰美内閣官房長官は談話を発表し、戦没者追悼式当日の正午に黙とうを行なうよう全国民に要望したが、その後、六〇年代の後半に入ると、この黙とうという形での追悼表現自体も急速に形式化していった。六七年八月一五日付の『朝日新聞』夕刊は、同日、正午の銀座の状況を次のように報じている。

東京・銀座四丁目交差点では、服部時計店の時報チャイムとともに築地署四丁目交番の警官が交番前に整列、脱帽して頭を垂れ、数寄屋橋公園でも昼休みで集った若いサラリーマンやBGなど約二十人が静かに黙とうをささげた。しかし、銀座に群れ集った人波の中で、立止って黙とうする姿は今年も数えるほど。交番の巡査の黙とう姿を「何ごとか」とジロジロ見つめる通行人もいて、道を急ぎ、買物をあさる〝無関心派〟が今年も圧倒的に多かった。

翌年になると、状況はさらに変化した。六八年八月一五日付の同紙夕刊は、正午の新宿について、「電光時計が正午を告げたとき、黙とうする人はまったく見当らなかった」と書いている。

## 「戦記もの」の動向

次に、国民の戦争観を最もストレートな形で映し出すと考えられる「戦記もの」の動向に即しながら、高度成長期の時代状況について見てみることにしよう。この時期の「戦記もの」の特徴としては、次の二点を指摘できる。

第一には、五〇年代の「戦記もの」ブームが子供の世界にまで拡大し、五〇年代末に次々に創刊された『少年マガジン』、『少年サンデー』などの少年週刊誌が「戦記もの」によって席捲されたことがあげられる。荒俣宏・高山宏編『荒俣宏の少年マガジン大博覧会』(講談社、一九九四年)によって、六〇年代前半の同誌の誌面の特徴を見てみると次のようになる。

〔一九六二年〕　プラスチックモデルのガンが出まわりだし、少年の関心は兵器や軍事ものに集中した。これを受けて、夏以降のカバーはゼロ戦や軍艦など戦時中の少年雑誌かと錯覚するほどの派手な表紙絵で独占された。売りものも、まんがより軍事記事が力を得て、特集づくりに力がはいりはじめた。

〔一九六三年〕　戦記ブームに乗って、ちばてつやも「ちかいの魔球」から「紫電改のタ

『少年サンデー』1963年7月28日号

カ」にスイッチ。テレビ・タイアップものの「8マン」さえ、軍事・戦記ものの前では影が薄かった。戦前の軍需産業でつちかわれた技術が輸出車に活かされ、日本の技術が自信をとり戻しつつあった社会情勢を反映しており、マガジンが無邪気な愛国心の醸成役すら担う情況となった。

〔一九六四年〕この年は、前年の戦記ブームがさらに拡大。……表紙にはテレビの『隠密剣士』、映画の『忍びの者』がしばしば登場、戦争ものと交互にカバーの画題を占めた。

『少年サンデー』の場合もほぼ同様であり、今、手もとにある同誌の六三年七月二八日号を見てみると、表紙絵が米空母ホーネットを攻撃する九七艦上攻撃機、図解口絵が戦艦大和の主砲と九七艦上攻撃機、巻頭の「特ダネ図解」が陸軍少年飛行兵、五本の連載読物のうち、「撃つい王物語」、「小沢中将ここにあり」の二本が「戦記もの」、同じく七本の連載マンガのうち、「大空のちかい」、「サブマリン707」、「まぼろし分隊」の三本が、「戦記もの」もしくは「軍事もの」であり、読者の質問に専門家が答える「戦記質問箱」まで設けられている有様である。ちなみに、この時の質問は、「航空戦艦『伊勢』『日向』は、二二機の、艦さい機を、つんでいたそうですが、あのように、せまい飛行甲板に、どのような方法で、離、着艦したのですか？」である。

六〇年代の後半に入ると「戦記もの」は、マンガの世界からはしだいに姿を消してゆくことになるが、六〇年代中頃までのこの異常ともいえる「戦記もの」ブームは、戦争に対する批判的意識が日本社会の中で急速に衰弱しつつあるという現実を、最も象徴的な形で示していたといえるだろう。

高度成長期の「戦記もの」の第二の特徴は、戦争体験のある種の「風化」が、この時期の特に後半期に確実に進行することである。ミリタリー・カルチャーの分析という視角から早くから「戦記もの」の持つ重要性に着目してきた社会学者の高橋三郎は、「昭和四〇年代」（一九六五〜七四年）の「戦記もの」の特徴として、それまでの「戦記もの」にあった「ある種の『凄み』」が失なわれてしまったことをあげた上で、「『凄み』といってもそれは曖昧で非常に主観的なものですが、単に戦争とは何かを超えて、人間とは何かを考えさせるものだと言ったらよいでしょうか。そして、それは多くの場合、筆者が個人としてその苛酷な体験を語るなかで読者が感じるものでした」と書いている（『「戦記もの」を読む』アカデミア出版会、一九八八年）。

このことは、また、同時代の観察者の眼にも的確にとらえられていた。例えば、ある論者はこの問題について次のように書いている。

最近、出版される戦記もの、または戦争小説には、何か前と変った傾向が現われてきたのであるまいか。ついこの間までは、そうしたものの類には、戦争は罪悪である、二度とくりかえしてはならないという素朴な願いのこめられているものがほとんどであった。ところが、最近は戦争を美化しないまでも、〃お国のために〃死ぬことの美しさを、ある程度、前提として書かれたものが多くなってきているようだ（「出版時評」『出版ニュース』一九六七年一二月中旬号）。

もちろん、戦争や軍隊に対する激しい告発の姿勢で貫ぬかれた陸軍報道班員出身の作家、高木俊朗のインパール戦記四部作、『抗命』（一九六六年）・『インパール』（一九六八年）・『全滅』（同上）・『憤死』（一九六九年）がいずれも文藝春秋から、ちょうどこの時期に刊行され多くの読者を得ていることなども無視できないが、少なくとも多くの人の眼に戦争体験の「風化」として映る現象がこの時期に生じていたことは否定できない。

## 「風化」の背景

この戦争体験の「風化」という現象には、もう少し立ち入った考察をくわえる必要があるが、その場合に、この時代を象徴すると考えられる二つの戦記の事例が参考になる。

一つは、週刊朝日編『父の戦記』(朝日新聞社、一九六五年)である。この戦記は、『週刊朝日』が「終戦二十年記念」の企画として読者から募集した戦記、一七一六篇のうち五〇篇を収録したものだが、前章でとりあげた五〇年代を代表する「国民の戦記」である『今日の話題　戦記版』とは明らかに異質の内容を持っている。具体的にいえば、後者がたたきあげの下士官を中心にした〝プロ〟の戦記であるのに対し、一般の召集兵主体の戦記であること、『今日の話題　戦記版』では全くみられなかった中国戦線の戦記を数多く含んでいること、大多数は陸戦の戦記であり、旧陸海軍将兵の「勇猛」さを強調する戦記は全くみられないこと、等々である。

総じていえば、この『父の戦記』には、戦争の讃美につながるような要素はほとんどみられない。また、印象的な入選作品「没法子《メイファーズ》な牛のはなし」を書いた田村昌夫が、「いつも思うことは、もう一度中国に行って、戦争中に日本人が犯した非行のおわびをしたいということです」と語っているように(『週刊朝日』一九六五年八月一三日号)、対中国侵略戦争に対する痛覚のようなものを感じさせる手記も少なくない。

しかし、その一方で、『父の戦記』に収録された手記の中には高橋三郎がいう「凄み」を感じさせる作品がほとんどみられず、逆に情緒的で感傷的な色あいを帯びた回想が目立つ。なぜだろうか。

この点で重要なのは、戦争体験を記録することの意味についての方向感覚のようなものが、編集者の側にも読者の側にも失なわれつつあるように感じられることである。具体例をあげるならば、『週刊朝日』一九六五年五月二八日号に掲載された「父の戦記」の募集要項は、企画の趣旨を次のように説明している。

敗戦の日から二十年、平和日本は多くの問題をはらみながらも歩んできました。戦争を知らない世代も成長して、新しい祖国の建設に参加する時代になりましたが、わが国の歴史の曲り角となった太平洋戦争の姿は、日とともに忘却の彼方に去ろうとしています。新しい世代が、再び戦火にまきこまれないためにも、多くの日本人が大陸に南方洋上に体験したこんどの戦争の真実を、長く歴史の記録として残したいと思います。

戦線の長い日々の間には、苦しかったこと、悲しかったこと、また戦場にあらわれた人間性のひらめきの一瞬もあったでしょう。ある日、ある時、あなたの眼にやきついた戦争の断片、このことだけはわが子に語りつたえたいという、父の戦記を、広く読者のみなさんから募集する次第です。

確かに、ここには、過去の戦争の全面的肯定につながる要素はほとんどない。しかし、その反面でかつての戦争の歴史的評価の問題はやはり不問に付されているし、「わが国の歴史の曲り角となった太平洋戦争」という言い方に示されるように、満州事変や日中戦争の持つ独自の意味は充分には認識されていない。また、戦争体験という、ある意味では無限定な体験の中の何を、次の世代に伝えようとしているのかも判然としないし、戦争体験を今こそ伝えなければならないといったような切迫感も希薄である。その点では、全国戦没者追悼式の際の首相式辞とほぼ同質の思想が、明らかに底流にあるといえよう。

同時に、この『父の戦記』では、いわば「批判者」の眼がほとんど意識されていないことも見逃せない。日本の侵略戦争の最大の犠牲者であったアジア諸国の民衆の刺すような眼差し、あるいは、戦争への協力や加担の責任を追及する戦後世代の不信の眼差し、そういったものを編集者も読者もほとんど意識していないからこそ、回想が情緒的で感傷的な色あいを帯びるのだと思う。このようにみてくると、戦争責任問題をめぐるダブル・スタンダードの成立と、その下での経済成長という時代状況が『父の戦記』にも大きな影をおとしていることが理解されるだろう。

なお、この戦記があくまで『父の戦記』であり、『父の戦記・母の戦記』ではなかったことにも注意を促しておきたい。第二次世界大戦は典型的な総力戦であり、「前線」と「銃後」の境界がほとんど消滅している所に大きな特徴があったにもかかわらず、女性の戦争体験の問題は、少なくともこの段階では正当な位置を与えられてはいなかったのである。

「風化」の背景を考える際のもう一つの手がかりは、海軍のエース・パイロットだった坂井三郎のベストセラー戦記である。典型的な下士官出身のゼロ戦パイロットであった坂井は、五三年に『坂井三郎空戦記録(上)・(下)』(日本出版協同株式会社)を書き、それをリライトしたものを、『大空のサムライ』(光人社、一九六七年)、『続 大空のサムライ』(同上、一九七〇年)として、ちょうどこの時期に発表している。ところが、高橋三郎が、「わたくしは、『大空のサムライ』を読んで『坂井三郎空戦記録』にあった何かが消えてしまったのに衝撃を受けたことを思い出します」と書いているように(前掲『「戦記もの」を読む』)、両者の間にはかなり大きな相違が存在する。特に、前者に見られる自己の戦争体験へのどろどろとしたこだわりのようなものが消えてしまったという印象は否めない。一例をあげるならば、米軍を相手に互角に戦ったという熟練パイロットとしての強烈な自負心からくる、戦後の反軍的・平和主義的風潮への強い反感などがそれである。

『続　大空のサムライ』の場合には、とりわけこの傾向が顕著であり、「日本一の勝負師」、「立派な勝負師」という印象的な言葉が頻繁に用いられている事実が示すように、叙述の重点は戦争体験そのものの記録化よりは、「勝負師」としての自己修養はいかにあるべきかという点に置かれている。つまり、ここでは戦争体験のある種の読み替えが行なわれているのであって、高度成長を支える「働きバチ」たちに人生の指針を与える修養の書として戦記が位置づけられているのである。同書の帯カバーに、「人生に勝つ逞しき男のバイブル！」とあるのは、その意味できわめて示唆的である。こうした時代状況にあわせた読み替えが行なわれる中で、戦記の執筆者の側でも、苛酷で凄惨な戦争体験の記憶はしだいに薄らいでゆくことになる。

ただここで強調しておきたいことは、戦争体験は、時の流れとともに自動的に「風化」する訳では決してないということである。後に詳しくみるように、八〇年代に入ると戦中派の中から戦争体験についての無数の生々しい証言があらわれてくることになるし、坂井三郎の場合でも、近年の回想記『零戦の真実』(講談社、一九九二年)、『零戦の運命』(同上、一九九四年)の中では、海軍の非合理的・官僚的体質に対する息をのむような告発にみられるように、ある種の「凄み」が再びよみがえってくる。その点からすれば戦争体験は、それを促進する政治的・社会的条件の下でのみ「風化」するのだと言えよう。

## 日韓基本条約の締結

以上、戦争責任問題に関するダブル・スタンダードが成立している状況の下で、高度成長が日本人の戦争観にどのような影響を及ぼしたのかという問題を少し具体的にみてきた。しかし、ダブル・スタンダードがすでに成立しているといっても、対外関係の面では戦後処理に関する未解決の重要問題が依然として残されていたのも事実である。具体的にいえば、韓国及び中華人民共和国との間の国交正常化問題がそれだが、日本側の戦争観や戦争責任観の独特のありようが、この正常化の過程をどのように特徴づけたかが、次の問題となる。

一五年戦争の終結によって、日本の朝鮮植民地支配に事実上の終止符が打たれたが、朝鮮半島に二つの分断国家が生まれたこともあって、日本と南北朝鮮の間の新たな国家関係の設定は容易ではなかった。しかし、韓国との間には、五二年二月以降、七次にわたる日韓会談が開催され、六五年六月調印・一二月批准の日韓基本条約によって、ようやく国交の正常化が実現した。この基本条約では日韓併合条約などの旧条約の失効が確認されるとともに、同時に締結された経済協力協定により、無償供与三億ドル、有償供与二億ドルの政府援助が韓国側に提供されることになった。

この基本条約締結に至る過程で一貫しているのは、日本側に、国交正常化の問題を日本の植民地統治の清算の問題としてとらえる発想や植民地支配そのものに対する根本的反省がほとんどみられなかったことである。国交正常化のための日韓会談は何度も決裂するが、その理由の一つは、日本側代表の植民地統治を正当化する発言が韓国側を硬化させたからであった(高崎宗司『「妄言」の原形』木犀社、一九九〇年)。

最終的に日韓会談が妥結するのは、朴正煕政権が国内政治の安定化のためにも日本の経済援助を必要とし、韓国軍のベトナム派遣を強く望むアメリカ政府が日本政府による朴政権へのテコ入れに期待して日韓両国政府に妥協をせまったためだが(李鍾元「韓日国交正常化の成立とアメリカ」『年報・近代日本研究16』山川出版社、一九九四年)、日本側の当事者であった佐藤栄作首相の植民地認識には大きな問題があった。例えば、六五年三月一日の衆院予算委員会で佐藤首相は、野原覺議員(社会党)の「日韓併合は間違っておったとお考えか」との質問に対して次のように答えているのである。

しかし、こういう事柄についての最終的な結論は、いわゆる歴史家のやることだろう、かように考えますが、私、この日韓間について特に考えたいことは、今日日韓が正常な国交関係を取り戻すとすると、これは明日のため、あるいは明後日のため、将来にわたる考え方でこの日韓国交の正常化をはかる、こういう態度であってほしいと思います。いろいろ過去については議論もあることだろうと思いますが、そういう事柄よりも、前向きといいますか、明日の日韓間、明後日の日韓間、将来にわたる日韓間正常化、それを考えていくべきだ。

率直に言って、ここには日本の植民地支配に対する一片の反省すらみられない。

また、国交正常化の過程では、日本国民の側にも大きなとまどいや混乱がみられた。表14は、基本条約の批准直前に時事通信社が行なった世論調査の結果を示しているが、問いに対して「わからない」と答える層の異常な多さが目立っている。基本条約の締結をめぐるいずれの世論調査でもこの傾向は一貫している。このような特徴的な反応がみられるのは、基本条約の締結が朴政権という独裁政権へのテコ入れという性格を持っており、そのことが事態をいっそう複雑にしていることにもよるが、国交の正常化が何よりも植民地統治の清算の問題であるという基本的認識が希薄であるため、国交正常化に臨む基本姿勢が確定できないからだと思う。

確かに、基本条約の締結をめぐっては、韓国だけでなく日本の国内でも、社共を中心にした革新勢力による激しい反対運動が展開された。しかし、反対運動の論理には両国間で

**表 14　日韓条約に関する世論調査**(時事通信社)

1965 年 11 月実施，被調査者＝全国の 20 歳以上の一般男女 976 人 (回収率 78.1%)

問　日韓国交正常化の条約，協定が調印され，政府は臨時国会で批准の承認を求めるといっていますが，あなたは批准に賛成ですか，反対ですか.

| | |
|---|---|
| 賛　成 | 36.5% |
| 反　対 | 14.7 |
| わからない | 48.9 |
| 計 | 100.0 |

問　あなたは，日韓両国がいま国交を回復し仲よくすることについてどう思いますか.

| | |
|---|---|
| 絶対に必要だ | 9.1% |
| よいことだと思う | 48.5 |
| 必要だとは思わない | 8.1 |
| 絶対に反対だ | 3.1 |
| わからない，関心がない | 31.3 |
| 計 | 100.0 |

(内閣総理大臣官房広報室編『世論調査年鑑(昭和 41 年版)』大蔵省印刷局，1967 年)

大きなくいちがいがみられた。戦後処理の問題を強く意識したユニークな戦後史を書いた歴史家の松尾尊兊は、その中で、この点を次のように指摘している。

つまり〔韓国側の反対運動は〕日韓国交回復の前提として日本側の謝罪・賠償が必要だというのであるが、日本の反対運動側の理由は半島の南北分断を固定化し、朴軍事政権にテコ入れし、米・日・韓三国軍事同盟形成につながるおそれがあるというもので、日本政府は韓国に明確に謝罪し、必要な賠償は支払うべきだという意見は皆無であったといってよい。

このように日韓条約批准に賛成するもの反対するもの双方に共通してみられる過去の朝鮮植民地支配に対する反省の欠如が、今日にいたっても日本を韓国人のもっとも嫌いな国とし、さまざまな緊張関係を両国間にもたらす原因となっている(『日本の歴史21 国際国家への出発』集英社、一九九三年)。分断の固定化・軍事政権へのテコ入れという批判はそれ自体としては正当なものだが、日本の革新勢力の側に植民地統治の責任の問題が充分自覚されていなかったことも否定することはできない。

## 日中国交回復

もう一つの重要な対外問題は、いうまでもなく日中国交回復である。サンフランシスコ講和条約の発効と同時に日本政府は、アメリカの圧力もあって、台湾の中華民国政府との間に日華平和条約を締結し、以後、中華人民共和国との関係は、長い間にわたって不正常な状態に置かれることになった。しかし、七〇年代に入るとアメリカ政府が対アジア戦略の大幅な手直しに着手し、七二年二月にはニクソン大統領の訪中と米中共同声明によって

**表 15　対中国戦争に関する世論調査**(共同通信社)

1967 年 6 月実施，被調査者＝全国の 20 歳以上の者，2402 人

問　日本が中国と戦争したことについて，あなたはどう思いますか．

| | |
|---|---|
| 悪いことをしたと思う | 17.1% |
| 自衛上当然だった | 9.7 |
| やむを得なかった | 35.9 |
| なんとも思わない | 6.0 |
| その他 | 1.9 |
| わからない・無回答 | 29.4 |
| 計 | 100.0 |

(内閣総理大臣官房広報室編『世論調査年鑑(昭和 43 年版)』大蔵省印刷局，1970 年)

**表 16　対中国戦争に関する世論調査**(日本世論調査会)

1972 年 4 月実施，被調査者＝全国の 20 歳以上の一般男女 2369 人(回収率 79.0%)

問　日本が中国と戦争したことについて，あなたはどう思いますか．

| | |
|---|---|
| 悪いことをしたと思う | 26.4% |
| 自衛上当然だ | 8.4 |
| やむを得なかった | 46.6 |
| なんとも思わない | 4.0 |
| その他 | 0.7 |
| わからない・無回答 | 13.9 |
| 計 | 100.0 |

(内閣総理大臣官房広報室編『世論調査年鑑(昭和 48 年版)』大蔵省印刷局，1975 年)

両国の和解が実現する。また、中国の国際的地位も急速に上昇し、七一年一〇月の国連総会では、中国の国連加盟が決定される。こうした中で、日本国内でも日中国交回復の気運がたかまり、七二年七月に成立した田中角栄内閣は同年九月に日中共同声明に調印し、ここに、ようやく日中間の国交の正常化が実現したのである。

この日中国交回復問題でも、日韓問題でみたのと、ほぼ同様の傾向がみてとれる。表15・16は、対中国戦争に関するこの時期の世論調査の結果を示している。対中国戦争を自衛戦争とみなすものはさすがに少数派に属するとはいえ、「悪いことをしたと思う」という形で戦争の加害性・侵略性を承認する者も二、三割にすぎず、その中間に、「やむを得なかった」、「なんとも思わない」、「わからない」と回答する層、つまり、明確な加害者認識、戦争責任認識を持たない層が分厚く存在するという構図が、ここにはくっきりと現われている。

次に表17は、国交回復に関する一九七〇年の世論調査である。この段階では国交の正常化を支持する世論が多数派を形成していることがよくわかるが、同時に、正常化を求める理由の第二位に、「大きな市場をのがす」という回答があがっている事実に注目する必要があるだろう。国交回復の過程で日本の財界が大きな役割を果たしたことについてはよく知られているが、国民の中にも経済主義的な動機に基づく国交回復論が少なくなかったの

**表 17　日中国交正常化に関する世論調査**(毎日新聞社)

1970 年 3 月実施，被調査者＝全国の 20 歳以上の一般男女 2118 人

問　(a)日本と中華人民共和国との国交を正常化せよという意見がありますが，あなたはどう思いますか.

| | |
|---|---|
| すぐ正常化すべきだ① | 16% |
| できるだけ早く正常化すべきだ② | 47 |
| だんだんに正常化すればよい③ | 23 |
| 正常化しなくてもよい | 4 |
| その他・無回答 | 10 |
| 計 | 100 |

(b)なぜ，そう思いますか.
〔(a)で①②③と答えた者に〕(複数回答)

| | |
|---|---|
| 大きな市場をのがす | 47% |
| 世界の大勢に遅れる | 31 |
| 戦争のケリがつかない | 15 |
| 攻めこまれる不安が多い | 10 |
| 共産主義に賛成 | 2 |
| 同文同種で隣国 | 50 |
| その他・無回答 | 4 |
| 計 | 159 |

(内閣総理大臣官房広報室編『世論調査年鑑(昭和 45 年版)』大蔵省印刷局，1971 年)

である。

また、「同文同種で隣国」という戦中・戦後の日中関係を全く視野の外に置いた一般論が第一位、「世界の大勢に遅れる」という主体性を欠いた大勢順応主義が第三位の回答である反面、「戦争のケリがつかない」という理由で正常化を支持する者が少数派にとどまっていることも重要である。日中国交回復は、本来は対中国侵略戦争の戦後処理にかかわる問題であっ

たはずである。それにもかかわらず、そのことが日本側では充分に自覚されていないことを、この世論調査は示している。

## ダブル・スタンダードの厚い壁

しかし、その一方で、こうした時代状況を突きやぶろうとする動きが、この時期にしだいに形成されつつあった。そこには、ベクトルを異にする二つの潮流が存在したが、そのうちの一つは、経済成長に対する自信に支えられて、一五年戦争の侵略性を否定し、特にアジア・太平洋戦争をアジア諸民族解放のための戦争として積極的に正当化する議論が、この時期に台頭してきたことである。この潮流を代表するのが、『中央公論』の六三年九月号から六五年六月号にかけて一六回にわたって連載された作家の林房雄の「大東亜戦争肯定論」である。

林によれば、日本の近代化の過程そのものが、「西洋のアジア侵略への反撃」の歴史であり、「大東亜戦争は形は侵略戦争に見えたが、本質において解放戦争であった」。林によるこうした過去の歴史の強引な読み替えの背景にあるのは、彼自身が、「もう一度戦争をやれと言うのではない。東京裁判の判決のみを信じて、事実を見落し、日本民族の誇りを失うなと言っているのだ」と書いているように、強烈なむき出しのナショナリズムである。同時に、この議論では、問題はすべて欧米対アジアという固定した枠組の中でだけとらえられ、「脱亜入欧」をとげた日本が欧米列強と全く同様の植民地主義国家としてアジア諸民族に臨んだことが完全に忘れさられている所に大きな特徴があった。その点では、欧米に対するナショナリズムの復権は、アジアの問題を視野の外に押しやるような機能を持っていたのである。

なお、この「大東亜戦争肯定論」の立場に立ったよりポピュアーな読物としては、大河小説『徳川家康』の作者である作家の山岡荘八が六二年から七一年にかけて、『講談倶楽部』や『小説現代』に連載した「小説太平洋戦争」があげられる。この連載は、『小説太平洋戦争1〜9』(講談社、一九六五〜七一年)にまとめられるが、山岡の「太平洋戦争」論には、明らかに林房雄の議論の強い影響が感じられる。また、マンガ週刊誌の「戦記もの」に関しても、「一九六一年からはじまった兵器・戦記もののブームが、単純な軍事知識の解説・図解からはじまって、しだいに系統的な『大東亜戦争肯定論』の少年版になっている」といったような変化が指摘されている(土井芳男「児童文化と反動思想」『文化評論』一九六七年五月号)。

とはいえ、このような戦争観は、高度成長の下で回復しつつあった民族的な自負心を背景としている限りではかなりのひろがりを持ちえたが、戦争認識の潮流としては決して主流にはなりえなかった。なぜなら、戦争責任問題に関するダブル・スタンダードは、旧連合国諸国が日本の戦争責任の追及を東京裁判以上の形では行なわないかわりに、日本側としても自国の責任をあからさまな形では否定しないというある種の均衡の上に成り立っていたのであり、日本政府としてもこの均衡を打ちくずすような動きに直接同調することはできなかったからである。また、国民感情の面からみても、過去の戦争の丸ごとの肯定には強い反発があった。六三年の最初の全国戦没者追悼式を前にして、政府当局者から示された「追悼式の実施にあたっての問題点」についての見解の中で、「これが軍国主義の復活となるようなことは夢想だにしないのみならず、平和への祈りをこれによって高めようとするものである」という点がことさらに強調されているのも、その辺の事情を象徴的に物語っている(厚生省援護局編『引揚げと援護三十年の歩み』ぎょうせい、一九七八年)。さらに、再三にわたってとりあげたマンガ週刊誌の「戦記もの」にしても、一方で教育関係者や保護者から厳しい批判の声が何度もあげられていたのである(竹内オサム『戦後マンガ五〇年史』筑摩書房、一九九五年)。

時代状況を突きやぶろうとするもう一つの動きは、高度成長のほぼ後半期から、かつての戦争の侵略性や加害性を直視しようとする戦争認識の潮流がしだいに拡大してゆくことによって、もたらされた。その最初のきっかけは、ベトナム戦争の勃発である。特に、六五年二月以降、米軍による北爆が本格化し、さらに多数の米地上軍が直接投入されるようになると、米軍の出撃基地、兵站基地としての日本の役割は誰の目にも明らかになった。こうした中で、日本国内でも激しいベトナム戦争反対運動が展開されることになるが、反対運動の中でもユニークな位置を占めていたのが、六五年四月に結成された「ベトナムに平和を！　市民連合」だった。この「ベ平連」は、「殺すな」というその象徴的なスローガンが示すように、日本の市民が戦争にまきこまれ再び戦争の被害者になることに反対すると同時に、加害者の側に加担することをも自覚的に拒否することを運動の唯一の理念としたが、その有力メンバーであった作家の小田実は、ベトナム戦争がもたらした思想的なインパクトについて次のように回想している。

六〇年の「安保闘争」についても同じことが言えた。そこに基本としてあったのは、「安保」があることによって日本は戦争にまき込まれる、「被害者」になるという認識であったにちがいない。……その認識がまちがっていたと言うのではない。ただ、そこに欠けていた認識がひとつあって、「安保」の強制によってアメリカ合州国とともに力弱い他者にむかって「加害者」となる、なり得るという事態についての認識だった。何年かあと、ベトナム戦争は、まさに、その事態を私たちのまえにあからさまなかたちで突きつけて来た(『「べ平連」・回顧録でない回顧』第三書館、一九九五年)。

加害者としての立場の自覚は、小田を戦後の日本人の戦争観の批判的再検討に向かわせる。『展望』の一九六六年八月号に発表した「平和の倫理と論理」の中で小田は、「戦後二十一年の歴史のなかで、私たちは数えきれないほどの数のさまざまな戦争体験の記録をもつが、そのほとんどすべてが、ことばをかえて言えば、被害者体験の記録だった。学生の記録があった。農民兵士の記録があった。家庭の主婦の記録があった。あるいは、海外引揚者の記録。そのどれにも悲惨な被害者体験がみちている。その自然な結果は、戦争体験というと、被害者体験をさし、それ以外のものをささないという視点の形成であろう」と書いている。

小田の議論のユニークさは、一五年戦争下の日本人が加害者としての側面だけでなく被害者としての側面をもあわせ持った存在であることを認めた上で、両者の側面のからみあいを問題にした点にあるが、その加害者としての側面を認識する上でベトナム戦争は決定的な意味を持ったのである。「ベトナム反戦」体験を共有する多くの日本人にとっても、程度の差こそあれ、ベトナム戦争は同様の意味を持ったものと考えられる。

ただ、ここで注意を払う必要があるのは、ベトナム戦争が日本人の戦争観、特に被害者体験に根ざしたそれの見直しをせまったことは確かだとしても、逆に過去の侵略戦争の批判的総括が充分になされていないことがベトナム戦争に対する曖昧な態度を生み出している面もあることである。従軍記者として華北における一九四二年の治安粛正作戦(三光作戦)に従軍した山下幸男は、自己の体験について、「私は自分の目の前で五人の中国農民が首をハネられたこと、私の従軍していた部隊が、部落という部落に火を放って歩いたこと、男を発見さえすれば子ども、老人の区別なく捕え、腰と首に縄をうって連行したこと……これらを忘れることができないのだ。首を切りおとすときの重く、にぶく、しめった音、部落を焼払われ、夫や子どもを殺され、あるいは拉致されて、部落中の女たちが、黄色い大地に身を叩きつけて号泣した、その泣声が私の耳に今もありありと残っている」とした上で次のように書いている。

ベトナム戦争のことに関して、ときどき私は、自分の娘たちと話合う。彼女たちは彼女たちなりに「戦争絶対反対」を主張し、米・南ベ軍の「残虐」を告発する。そんなときも、私は三十年前に目撃したそのことだけは口にしたことはなかった。もちろん私は「戦争反対」「平和擁護」について娘たちの意見に賛成する。しかし、娘たちとの話合いが終ったあと、私の「戦争反対」や「平和擁護」の話しっぷりには、実はあまり〝底力〟がないのだ。人間というものは、いや人類というものは、この世にある限り、しょせん「戦争」という名前の悪魔的蛮行の衝動からのがれることはできないのではないか……。私と同世代の人々で、私と同じように、このような脱落感にとらわれることがないとしたら本当にいいのだけれど。果してどうだろうか(「読者のイス」『週刊朝日』一九六五年八月一三日号)。

山下のこの文章からは、侵略戦争に対する強い罪責感が伝わってくるが、それにもかかわらず過去の戦争体験そのものが充分に総括されていないために、ベトナム戦争に対する批判的意識に、ある「翳り」が生じているのである。

日本人の戦争観に見直しをせまるもう一つのきっかけとなったのは、やはり日中国交回復問題である。国交回復をめぐる日本側の世論に独特のひずみがあったことについてはすでに述べたが、この問題が日本人と日本国家の戦争責任の問題を問い直す契機となったことも否定できない。特に七〇年代に入って国交回復をめぐる議論が本格化すると、戦争責任問題が大きくクローズ・アップされてくるようになる。この点について、内閣官房内閣調査室のレポート「日中問題をめぐる最近の論調」(『調査月報』一九七二年三月号)は、この時期の論議の第一の特徴として、「従来から日中問題の重要な論点の一つであった〝戦争責任論〟をめぐっての論争が再び活発化していること」をあげ、「日本の中国大陸民衆に対する残虐行為の責任を反省し、謝罪すべきだとする〝戦争責任論〟が、依然として強い底流をなしていることは注目されるべきであろう」と指摘している。また、七一年八月から一二月にかけて、中国戦線での日本軍の戦争犯罪を告発する本多勝一記者のルポルタージュが『朝日新聞』紙上に連載され、日本社会に大きな衝撃を与えたのも、この時代を象徴する出来事だった。この連載は、のちに、『中国の旅』(朝日新聞社、一九七一年)にまとめられる。

しかし、それにもかかわらず、ベトナム戦争と日中国交回復を契機にして、日本人の戦争観に大きな変化がもたらされたということはできない。先に掲げた二つの世論調査(表15・16)をみても、この間、戦争の加害性を認識する人の割合がかなり増大してはいるものの、すでに述べたような戦争認識の構図自体にはほとんど変化がみられないのである。その意味では、ダブル・スタンダードの厚い壁は依然として健在であり、「ベトナム」も「日中」も、それを打ち破るだけの衝撃力は持ちえなかったといえよう。

# 第六章　経済大国化のなかの変容
## ——一九七〇年代——

## 七〇年代の歴史的位置

この章が対象とする時代は、一九七三年のオイル・ショックによって高度成長が終焉する時期から、八二年の教科書検定の国際問題化によって戦争責任問題をめぐるダブル・スタンダードの動揺と再編が始まる直前までの時期である。この時期の特徴の一つは、一方でダブル・スタンダードの強固な枠組が依然として維持されたことに求められる。確かに、「ベトナム反戦」や日中国交回復問題を契機にして、一般国民の間でも、かつての戦争の侵略性や加害性に関する認識はしだいにひろがり始めていた。このような状況は、「終戦記念日」の新聞社説にも影響し、『朝日新聞』の場合、七〇年八月一五日付の社説で初めてアジアに対する加害責任の問題がとりあげられ、加害者であった日本人と被害者のアジアの民衆との間の認識のギャップが問題にされている。

しかし、ベトナム戦争当時の各種の世論調査を見てみると、日本人の中にこの戦争にまきこまれることに対する強い危機意識が存在し、それがアメリカ政府の対ベトナム政策批判に直接つながっていることに気づく。例えば、六五年八月に朝日新聞社が実施した世論

**表 18　ベトナム戦争に関する世論調査**

全国 15 歳以上 79 歳までの男女 1 万人を対象(回収率 77.3%),
1968 年 11 月実施

| | |
|---|---|
| 問　ベトナム戦争がどんな形で終わってほしいと思いますか. | |
| 北ベトナム(と解放戦線)に有利に | 5.7% |
| アメリカ(と南政府)に有利に | 2.8 |
| 両方のメンツが立つように | 44.5 |
| 戦争が終わりさえすればどんな形でも | 30.1 |
| 戦争がこのまま続いてもよい | 0.5 |
| わからない・無答 | 16.4 |

(『読売新聞』1969 年 1 月 1 日付)

調査(全国の有権者三〇〇〇人を対象、回収率八四・八%)によれば、七五%の人が北爆に反対の意思表示をしているだけでなく、ベトナム戦争が拡大すれば「日本もそのまきぞえをくう心配がある」かとの設問には、六〇%の人が「心配がある」と答えている(『朝日新聞』一九六五年八月二四日付)。

その一方で、読売新聞社が、六八年一一月に実施した世論調査(表18)を見てみると、戦争の終結の仕方に関しては、「両方のメンツが立つように」と「戦争が終わりさえすればどんな形でも」の合計は、七四・六%に達する。つまり、日本人の多くは、民族自決権の積極的な承認の上に北ベトナムや南ベトナム解放戦線の立場を支持していた訳では必ずしもなく、むしろ、日本が戦争にまきこまれることに対する強い危機意識から軍事力によって問題の解決をはかろうとするアメリカ政府の対ベトナム政策に批判的な姿勢をとったのだといえよう。前章で述べたように、「べ平連」の運動は、日本が加害者としてのアメリカに加担しているという強い自覚に支えられながら、被害者体験に根ざした日本人の戦争観の見直しへと向ったが、そのような立場は、国民の中ではやはり「少数派」だった。

日中国交回復の問題でも事態はほぼ同様である。すでにみたように、日本政府に国交回復を最終的に決断させたのは何よりもアメリカ政府の政策転換という外的要因であったし、世論の中にも、市場の獲得という経済主義的動機や「世界の大勢に遅れる」という没主体的な動機に基づく国交回復論が根強かった。また、この問題を契機にして日本の戦争犯罪や戦争責任の問題などがマスコミや論壇でも大きくとりあげられるようになったが、そうした論調がしばしば中国共産党の路線や指導者の毛沢東を絶対化する傾向を持っていたことは、日本人の戦争観の発展にとって大きなマイナス要因となった。事実、戦争責任論の深化という観点からみた時、この時期の議論の中で初めて提起された論点はほとんどないといってよい。つまり、国交回復は戦争責任論発展の契機とはならなかったのである。

こうした中で、ダブル・スタンダードの枠組が依然として堅持されていたことをよく示しているのは、七三年二月二日の衆院予算委員会の席上における田中角栄首相の答弁である。この時、田中首相は、日中戦争を侵略戦争だと考えているかという不破哲三議員(共産党)の質問に対して次のように答えたのである。

日本がかつて中国大陸に兵を出したという事実、これは歴史的な事実でございます。この問題をいまあなたが言うように、端的に侵略戦争であったかどうかということを求められても、私がなかなかこれを言えるものじゃありません。これはやはり将来の歴史が評価するものでございまして、私たちはもう再び戦争はしないという新しい憲法を持っておるんです。

不破議員は、続いて「太平洋戦争全体」の評価を問い質しているが、これに対する首相の答弁は、やはり「侵略戦争であったかなかったかという端的なお答えは、後世史家が評価するものであるということ以外にはお答えできません」というものだった。

さらに、田中首相は、翌七四年一月二四日の衆院本会議でも、公明党の竹入義勝議員の代表質問に対する答弁の中で次のように述べている。日本の植民地支配を正当化するあからさまな発言である。

私は、かつて日本と朝鮮半島が合邦時代が長くございましたが、その後韓国その他の人々の意見を伺うときに、長い合邦の歴史の中で、いまでも民族の心の中に植えつけられておるものは、日本からノリの栽培を持ってきてわれわれに教えた、それから日本の教育制度、特に義務教育制度は今日でも守っていけるすばらしいものであるというように、やはり経済的なものよりも精神的なもの、ほんとの生活の中に根をおろすものということが非常に大切だということで、今度のASEAN五ヵ国訪問で、しみじみたる思いでございました。

日中戦争の問題にしろ、植民地統治の問題にしろ、日中国交回復の直接の当事者であった人物が、この程度の歴史認識しか持ちあわせていないということ自体が大きな驚きだが、それと同時に見逃せないのは、世論の側も、現在の段階ならば、まちがいなく国際問題に発展したと思われるこうした一連の発言をさほど問題にしなかったことである。ダブル・スタンダードがいかに強く日本社会全体を規制しているかをよく示すエピソードだといえよう。

とはいえ、この時代はまた、新旧の様々な戦争観が対抗し、せめぎあいながら次の時代を準備した時期でもあった。ダブル・スタンダードの枠組は維持されたとはいえ、国民の戦争観にも様々な変化が現われ始めてきた時期であり、その意味でこの時代の性格を一言で言い表わすならば、〝過渡期〟ということになる。また、総理府統計局の推計によれば、七五年八月一五日現在の日本の総人口一億一一一一万人のうち、敗戦前に生まれた者は五〇・六%、これに対し敗戦後に生まれた者は四九・四%に達し、終戦時に義務教育入学以前で戦争の直接の記憶がない世代を考慮に入れるならば、国民の六割近くが、「戦争を知らない世代」となっていた。このような変化も戦争観をめぐる状況に大きな影響を及ぼしたと考えられる。以下、この時期の様々な戦争観のせめぎあいの状況を具体的に見てみることにするが、過渡期としての性格を反映して、ここでとりあげる戦争観の多くは、八〇年代のそれと直接に重なりあっていることに注意を払う必要がある。

## 「幕僚史観」の動向

一五年戦争の悲惨な敗北の後、日本社会には、戦争や軍隊に対する根強い忌避感が形成されることになったが、高度成長下で戦争体験の「風化」が急速に進行するにつれし、アカデミズムの領域でも軍事史研究が一応の市民権を獲得するようになる。六五年五月に防衛庁・自衛隊関係の研究者と一般の歴史研究者とによって軍事史学会が創立されたことはそのような変化を象徴的に示しているが、同会の機関誌『軍事史学』創刊号(一九六五年)の会告は次のように戦後の状況をとらえていた。

終戦後、歴史学の各分野はそれぞれ専門の研究者によって非常な発展を遂げつつあります。しかるに軍事史学の分野のみは、敗戦後の戦争を憎悪する国民感情の影響を受けて、その学問的研究も中断され、全くとり残されている状況であります。しかし歴史の進展は、人類の闘争の大なる影響を受けており、軍事・戦争に関する史的な研究を除いては、歴史の真実をあきらかにすることは不可能であり、また、平和を論ずることも困難であります。

もちろん、このような状況にはそれなりの理由がある。この点について歴史家の江口朴郎は、「歴史学の立場からすれば、諸社会事象全体について広い総合的視野に裏づけられた、軍事的諸技術、軍事行動についての研究は必要、むしろ不可欠である。しかし日本の現実においては、技術的な『軍事研究』に対する危惧もあって、歴史研究者の中に軍事史研究者の少ないことも事実である。それに軍事に関する資料が官庁関係にとどまっていて、一般研究者の利用しうる可能性にも限界があった」と指摘している(「第二次大戦史研究への提言」『読売新聞』一九七一年七月二二日付)。要するに、軍事至上主義的な軍事史研究に対する危惧と、防衛庁防衛研修所(現・防衛研究所)戦史室所蔵の旧軍関係文書の公開が大幅に遅れたことによって、歴史研究者の側からの軍事史へのアプローチが大きく立ち遅れることになったのである。

もちろん、軍事史学会が当初から広範な歴史研究者を結集できていた訳ではなかった。防衛大学校の学生新聞、『小原台』第七五号(一九六六年)によれば、「この学会の会員数は約千数百名であり、防大生が約千人あまり加入してい」た。つまり、当初はあくまで、防衛庁・自衛隊関係者中心の学会だったのである。しかし、同会は、その後、軍事史の専門学会として、しだいにその地位を確立してゆくことになる。

このような中で、注目に値するのは、六六年から防衛庁防衛研修所戦史室の手によって、戦後最初の公刊戦史である『大東亜戦争戦史叢書』全一〇二巻の刊行が開始されたことである。この叢書は六九年末までに三二冊が、七〇年から八〇年にかけてさらに七〇冊が出版され、旧陸海軍の未公開重要史料を基礎にした最初の本格的な戦史研究として軍事研究の領域では大きな権威を確立する。

しかし、この『戦史叢書』には、特に歴史観の面で大きな限界があったことも否定することはできない。第一に指摘できることは、執筆者の大部分が旧陸海軍の作戦参謀クラスの幕僚将校によって占められていたことである。元陸軍大尉(陸士五五期)の経歴を持つ歴史家の藤原彰は、この叢書の書評の中で、執筆者のこうした性格に着目しながら、このシリーズの大きな限界として次の三点を指摘している(『歴史学研究』一九七七年一二月号)。

(1) 叙述があくまで作戦本位のものとなり兵站や補給などの問題が軽視されていること。

(2) 陸海軍間のセクト的対立がそのまま戦後に持ちこされ、旧陸軍関係者が担当した巻は海軍に批判的で、旧海軍関係者の担当巻は陸軍に対して批判的という偏りがみられること。

(3) 戦争に対する根本的反省が欠如し、旧陸海軍の行動に対する弁明史観的傾向が現われていること。

このうち(1)については、元戦史編纂官の野村実自身がそうした問題点をはっきりと認めているし(海軍史研究会編『日本海軍の本』自由国民社、一九八五年)、(2)についても、防衛研修所三〇年史編さん小委員会編『防衛研修所三〇年史』(一九八四年)が、公刊戦史の刊行決定が遅れた背景に「機微な陸海軍対立感情」があったことを指摘している。

『戦史叢書』の第二の限界は、分析を狭義の軍事史にしぼりこむことによって、戦争史の全体の構造が完全に見失なわれていることである。例えば、この叢書では、軍部の政治勢力化、軍部の政治介入の常態化という戦前の政‐軍関係の最大の特質は全く視野の外に置かれている。このことはまた、戦前以来の日本の軍事史研究の独特の伝統にある意味では由来していた。元陸軍少佐で陸上自衛隊幹部学校教官の浅野祐吾は、旧陸軍の「兵学」研究が狭義の「作戦戦闘史」に著しく偏り、「作戦戦闘史以外の各分野の戦争史、軍事史が軽視されたこと」を指摘し、さらに、そのような体質が戦後の自衛隊にも基本的には継承されたと主張している(「明治陸軍の戦史研究について」『軍事史学』第七巻第四号、一九七二年)。

歴史家の大江志乃夫が、「日本の陸海軍人からは、世界の歴史に名をとどめるような軍事理論家も戦略理論家も出ていない。海軍には『帝国国防史論』の著者佐藤鉄太郎がいるが、その理論はアメリカのアルフレッド＝T＝マハンを下じきにしたものにすぎない。陸軍の軍人にいたっては、正面から軍事理論、戦略理論を論じた著作は皆無にひとしいといってよい」と指摘しているのも(『統帥権』日本評論社、一九八三年)、日本の「兵学」研究のこのような視野の狭さと密接な関係がある。

『戦史叢書』は、こうした旧軍の伝統にいわば忠実であることによって、方法論や歴史観の面では他の隣接諸科学に直接的な影響を及ぼすことはなかったし、国民の戦争観や歴史観に影響を与えるだけのインパクトも持ちえなかったのである。

事実、八〇年代に入ると、『戦史叢書』の一種のダイジェスト版として、戦史編纂官を中心とした人々によって、二冊の戦史が出版される。森松俊夫編『敗者の戦訓』(図書出版社、一九八五年)、同『指揮者の戦訓』(同上)がそれだが、両者ともにアジア・太平洋戦争を日本の自衛戦争とみなすような歴史観が見えかくれするだけでなく、過去の戦闘からの戦訓の抽出という立場にとらわれすぎていて、一般の読者、特に戦後生まれの読者にとっては、読み通すのにかなりの苦痛を伴う内容となっている。

このように、『戦史叢書』は旧幕僚将校の価値観を歴史に投影したという点で、「幕僚史観」とでもよぶべき歴史観を背景に持っており、そのことがこの叢書の社会的影響力を著しく小さなものとしたのである。

ちなみに、『戦史叢書』の目的の一つは、自衛隊の教育研究活動に資するという点にあったが、自衛隊員の中でもかつての戦争に対する評価は一様ではないようだ。防衛大学校の教官をまじえた軍事史学会のある座談会の中では、防大の学生の過半数が日露戦争を日本の侵略戦争であると考えており、アジア・太平洋戦争の場合は、実に八割の学生が侵略戦争だと考えているという意外なデータが紹介されている（「軍事史教育はこれでよいか」『軍事史学』第一五巻第二号、一九七九年）。皮肉なことに幕僚史観は自衛隊の幹部要員候補の中においてさえ、充分な支持基盤を持ちえていないのである。

## 「海軍史観」の台頭

『海軍と日本』（中公新書、一九八一年）というすぐれた日本海軍論を書いた池田清は、その後の論稿の中で、「陸軍＝悪玉、海軍＝善玉という敗戦以来のやや定説化した『神話』」について言及しているが（「日本海軍は本当に〝善玉〟だったのか」『正論』一九八七年五月号）、そのような意味での「神話」が本格的に確立するのは、実はこの七〇年代のことだった。

ただ、その前史としては、六〇年代後半の海軍ブームがあり、阿川弘之『山本五十六』（新潮社、一九六五年）、小泉信三『海軍主計大尉小泉信吉』（文藝春秋、一九六六年）、高木惣吉『太平洋戦争と陸海軍の抗争』(経済往来社、一九六七年)などのベストセラーがすでにこの段階で生まれていたが、七〇年代に入ると、「海軍史観」という形で区分することのできる独特の海軍論がはっきりと形を現わすようになり、八〇年代へと直接につらなってゆく。代表的な著作をあげれば、高木惣吉『自伝的日本海軍始末記』(光人社、一九七一年)、阿川弘之『軍艦長門の生涯(上)・(下)』(新潮社、一九七五年)、同『米内光政(上)・(下)』(新潮社、一九七八年)などである。

これらの海軍論の特徴的論点を整理してみると、次の二点に集約することができるだろう。一つは、海軍が、最終的には陸軍に押し切られたとはいえ、超国家主義的で侵略主義的な陸軍に対する抑止力、あるいは抵抗勢力として一貫して機能したという主張である。ここでは、海軍の戦争責任が完全に否定されているのが特徴的である。

もう一つは、海軍軍人と海軍という組織の自由主義的で合理主義的な体質の強調である。ここでも、粗暴で精神主義的な陸軍の対極にある存在として海軍が位置づけられているのが目をひく。

このような海軍史観の問題点については次章で検討することにして、ここでは、さしあたりこの海軍史観の背景について考えてみることにしたい。この問題については、『週刊言論』一九六七年三月二二日号の特集記事「生き返った〝戦記もの〟ノーム」が、「〈日本にも現代的な市民社会が生まれ〕ストレートの戦前への復帰の可能性は消える。そこで質的に戦記ものも変化していく」という清水英夫(ジャーナリズム研究所長)の発言を引用しながら、次のように続けている。

そして起こったのが……〝海軍ブーム〟である。イギリスでは、海軍のほうが保守的で、陸軍のほうが新しい。上流・中流層が海軍へいくからだ。ところが、日本では逆である。陸軍のピンタは〝世界に冠〟たるものがあり〝残酷〟のシンボルになってしまった。戦記ものでも、陸軍ものは売れない。海軍にはなんといってもロマンチックな夢がある。

つまり、「戦後民主主義」の定着によって、かつての戦争の丸ごとの肯定や、侵略戦争とファシズムの時代の「主役」であった陸軍の復権を受け入れるような国民的基盤自体がしだいに解体してゆく中で台頭してきたのが、この海軍ブームだということになる。

また、旧陸海軍の軍人に関するユニークな評伝である前田哲男・纐纈厚《こうけつあつし》『東郷元帥は何をしたか』(高文研、一九八九年)は、「山本五十六人気」の背景にある微妙な国民感情について次のように指摘している。

いずれにせよ、あの流血にいろどられ狂信と侵略の歴史につらぬかれた昭和動乱期の歳月に、なにか救いを見出したい国民の心情が、山本五十六への忘れがたい気持ちとして高められ、呼び起こされているのはたしかなことであろう。一人の山本ぐらい持たないことにはとてもやりきれたものじゃない――侵略戦争や自暴自棄の戦いを支持したり正当化しようという意図からではなく、国民の「健全な反省心」が、悲運のヒーロー・山本に対する支持と共感となって表われている面がたしかにある。

海軍ブームの背景には確かに右のような事情が存在する。ただ、ここで確認しておきたいことは、「海軍＝善玉」論は、その海軍が反対したとされる一五年戦争に対する否定的評価と不即不離の関係にあることである。「海軍＝善玉」論が強調されればされるほど、その論者がどこまでそのことを意識しているかどうかは別にして、陸軍とそれが主導した戦争の価値は結果的にかぎりなく貶《おとし》められる。その点からすれば、海軍史観の台頭は、そのまま「大東亜戦争肯定論」の退潮を意味していたのである。

## 経済大国化と戦争観の変容

オイル・ショック後の構造的不況を「減量経営」で巧みに乗り切った日本資本主義は、世界経済の中に占めるその比重を急速に増大させていった。「経済大国」＝日本の出現である。いわゆる「日本文化論」の変遷に着目しながら戦後日本社会における文化とアイデンティティの問題を追究した青木保の『「日本文化論」の変容』(中央公論社、一九九〇年)によれば、六四年から八三年までの時期は、「肯定的特殊性の認識」の時代として位置づけられる。つまり、日本社会の特殊性を示すとされる諸特質が、日本文化のユニークさや優越性を表現していると認識された時代である。特にその中でも七〇年代の後半期は「日本的経営」論に代表される「日本文化論」が、経済大国意識の成立に支えられて、「自己陶酔のナルシシズム」とよべるほどの肯定的・自己讃美的傾向を強めた時期だった。

このような状況、とりわけ「日本的経営」論の隆盛は、日本人の戦争観にも大きな影響を及ぼしたものと考えられる。その点でこの問題を考える際の一つの手がかりになるのは、七七年六月に封切られ、配給収入二五億円をこす大ヒットとなった映画「八甲田山」だろう。一九〇二年に八甲田山での雪中行軍中におこった一大遭難事件を題材にしたこの映画の原作は、新田次郎『八甲田山死の彷徨』(新潮社、一九七一年)だが、原作のモチーフと映画自体、あるいは映画の観客やマスコミによる受けとめ方との間には明らかに大きなズレが存在していた。原作の方は、「日露戦争を前にして軍首脳部が考え出した、寒冷地における人間実験がこの悲惨事を生み出した最大の原因であった」という結論にみられるように、旧軍の非人間的体質に対する鋭い告発が全篇を貫いている。とりわけ、新田が死亡率の問題に着目し、将校—下士官—兵士の順で死亡率が高くなっていること、つまり死亡率

映画「八甲田山」より（提供＝東宝株式会社）

（生存率）にも階級的な序列があることを明らかにしている点はきわめて印象的である。

ところが、マスコミや観客の側の関心はそこにはなく、むしろ、「極限状態におけるリーダーシップのあり方とは？」、「危機を乗り切る組織のあり方とは？」といった経営論的な読み替えを行ないながら映画の世界に自己を同一化させてゆく姿勢が目立つ。一例をあげるならば、『週刊朝日』一九七七年七月一日号の特集「八甲田山雪中行軍の真相はこれだ!!」は、はしがきに「現代のサラリーマン社会にも通じる人事管理の問題を中心に、この事件を追ってみた」とあるように、企業社会にとっての教訓を引き出すという立場からの「八甲田山」論である。

原作者の新田次郎は、さすがにこのような経営論的な読み替えに不満だったようであり、映画製作者の橋本忍との対談の中に次のようなやりとりがある(『週刊小説』一九七七年七月八日号)。

**橋本** 各企業でこれをみんなそろって見ようという機運が強いのに驚きました。東京の試写会には、経団連とか、経済同友会あたりから切符をくれくれといわれた。予定していた切符の枚数が出てしまったものですから、そういう経営者の方ばっかりまた集まってもらって、東宝の試写室で見てもらったんです。

**新田** 原作者の私は、企業のためにあれを書いたんじゃないんです。私はあくまで人間を書こうとして書いた。

このように、「八甲田山」の大ヒットは、軍隊や戦争の問題を経済や経営の論理だけで強引に読み替えてゆこうとする強い力が、この社会の深い所で機能し始めている事実を端的に示しているように思われる。そして、そのことを戦争観の面でストレートに表現していたのは、ビジネスマン向けの戦記、あるいは「経営書」としての戦記が、ちょうどこの時期に出現してくることだった。

もちろん、従来から、特に海軍関係者による「海軍式経営」が大きな脚光をあびた事例は少なからず存在した。例えば、海軍機関学校出身の元海軍大尉で栗田工業の創業者である栗田春生の場合がそれだが、この栗田工業は、新入社員に対する海軍式の「新兵教育」、通常、「課」とよんでいるものを「隊」と名づけた軍隊流の組織原理など、経営のすべてに海軍方式を導入する中で急成長をとげた企業であり、六〇年代前半にはマスコミなどでも大きくとりあげられるようになった(臼井吉見「水への執念に生きる栗田工業」『中央公論』一九六二年五月号)。ちなみに、城山三郎の小説『打出小槌町一番地』(新潮社、一九七七年)に登場する岩沢猛は、栗田がモデルだといわれている。しかし、戦記の形をとった経営書が登場してくるのは、やはり、この七〇年代のことだった。

そうした戦記の「はしり」としては、大橋武夫解説『統帥綱領』(建帛社、一九七二年)、亀岡太郎『財界人太平洋戦記(上)・(下)』(文藝春秋、一九七三〜七四年)などをあげることができるだろう。大橋は元東部軍参謀(陸軍中佐)の経歴を持つ経営者で、早くから「兵法経営論」の提唱者として知られる。その大橋が旧陸軍の高級指揮官のための「兵学」のいわば「奥義書」である統帥綱領を復刻したのが右の著作だが、そこでの大橋の問題関心は、同書のビジネスマン向けの入門書の中で彼自身が与えた、「社長学の書」としての統帥綱領という位置づけの中に最もよく示されている(『統帥綱領入門』マネジメント社、一九七九年)。

これに対して、『財界人太平洋戦記』は、著名な財界人への広範囲な取材を基にした興

### 表19 『プレジデント』の15年戦争特集

| | |
|---|---|
| 1978年 | 「海軍式マネジメントの研究」(6月号) |
| 1981 | 「連合艦隊の名リーダーたち」(5月号) |
| 1982 | 「強い組織 戦史に学ぶ『精鋭』の育て方」(5月号) |
| 1984 | 「山本五十六 リーダーかくあるべし」(1月号)・「海軍式『人材』育成術『強いリーダー』をいかに育てるか」(5月号) |
| 1985 | 「『ミッドウェー』の教訓」(2月号)・「『参謀』の責務 スタッフは何をすべきか」(7月号)・「日本陸軍の名リーダー」(12月号) |
| 1986 | 「『ガダルカナル』の教訓」(2月号)・「連合艦隊司令長官『指揮官』はいかにあるべきか」(5月号)・「プロジェクトとしての『真珠湾』」(12月号) |
| 1988 | 「零戦 日本型『技術』のロマン」(3月号)・「戦艦『大和』『テクノロジー王国』の栄光と悲劇」(8月号) |
| 1990 | 「『戦訓』 ラバウル海軍航空隊」(3月号)・「キスカ――撤退作戦の要諦」(8月号) |
| 1991 | 「『人間』山本五十六と太平洋戦争」(12月号) |
| 1992 | 「『神風特別攻撃隊』の教訓」(8月号) |

創刊号から1995年6月号までの同誌より

味深い戦記であり、筆者の亀岡は戦記そのものへの関心を決して失なってはいない。しかし、一人一人の財界人の戦争体験が戦後の企業経営にどのような形で生かされたのか、という問題意識が明らかに伏在しており、その限りでは、「経営書」としての戦記という性格が現われ始めている。

こうして、七〇年代の後半に入ると、「日本的経営」論の台頭と符節をあわせるかのように純然たる「経営書」の性格を持った戦記が登場してくる。「組織原理、人事管理、教育システムなど、現代の企業が『海軍式マネジメント』から学び得るものは多い」とするプレジデント編『海軍式マネジメントの研究』（プレジデント社、一九七八年）などがその代表的事例だが、ビジネスマン向けの月刊誌として六三年に創刊された『プレジデント』にも同様の傾向がはっきりと現われている。同誌には、七〇年代の後半頃から、古今東西の戦史の中から現代の企業経営にとって有益な教訓を引き出すという問題意識からの特集が数多く登場するようになるが、そのうち主として一五年戦争だけを題材にした特集をピック・アップしたのが表19である。七〇年代の末から九〇年代初めにかけて、こうした趣旨の企画が数多く組まれているのがわかる。

これらの特集の趣旨を説明したはしがき風の前言から印象的な文言を摘記してみると、「海軍は、日本における近代的経営手法の先駆者だった」（七八年六月号）、「山本〔五十六〕の事績には、現代ビジネスマンにとってきわめて有益な示唆が数多くある」（八四年　月号）、「〔ミッドウェー海戦の敗北には〕現代のビジネス社会にも通じる貴重な教訓が潜んでいる」（八五年二月号）、「帝国陸軍は『大企業病』に冒されていたのだ」（同一二月号）、「戦史はマネジメントの最大の教科書である」（八六年一　月号）ということになる。

全体としてみた時、非合理的で精神主義的であるとされる陸軍への関心は薄く、海軍主体の特集となっていること、「日本的経営」万能論自体は、そのシステムの限界や非人間性が幅広く認識されることによって八〇年代後半から退潮に向かうが、その後を追うようにして、こうした特集が姿を消してゆくこと、この二点がとりわけ注意をひく。

## 庶民の戦争体験の記録化

同時に、七〇年代を中心にしたこの時期は、庶民の戦争体験の記録化が大きく進んだという点でも注目すべき時代だった。そのような動きを代表するものとしては、自治体という公的機関が全面的に関与したという点でも、記録作業の組織性・体系性という点でも、まず何よりも琉球政府編『沖縄県史第9巻各論編8 沖縄戦記録1』(一九七一年)、沖縄県編『沖縄県史第10巻各論編9 沖縄戦記録2』(一九七五年)をあげることができる。安仁屋政昭は、この沖縄戦の体験記録集が従来の「沖縄戦記」に対する批判的検討の上に編纂されたことを強調しているが、その主たる批判点は、従来の戦記が狭義の戦闘体験記に著しく偏り戦時下における県民の生活の総体を記録していないこと、県民に対する日本軍の加害行為を無視し、県民の犠牲を「殉国の美談」として描く傾向があること、などの点にあった(「庶民の戦争体験記録について」『沖縄戦記録2』)。

また、方法論の面でいえば、この県史では、地域ごとに体験者による座談会を数多く開催し、戦争体験の記録化をすすめる手法がとられ、『沖縄戦記録1』だけでも総のべ数四六一名の体験談を基にして編纂されている事実に注目すべきだろう(仲程昌徳『沖縄の戦記』朝日新聞社、一九八二年)。

戦争体験の記録化のためのもう一つの動きとしては、早乙女勝元『東京大空襲』(岩波新書、一九七一年)の刊行などを契機にして、空襲を記録する会の運動が各地にひろがり、戦災体験を中心にした庶民の戦争体験の記録化が飛躍的に進んだことがあげられる。その成果は、後に、日本の空襲編集委員会編『日本の空襲』全一〇巻(三省堂、一九八〇～八一年)に集大成されることになるが、「東京空襲を記録する会」の事務局長だった評論家の松浦総三は、従来の日本の戦争史が将軍や政治指導者などの「エライ人中心の歴史的記述であ」り、「庶民の戦争体験を追求してゆかなくては成立しないような戦災史や戦争体験史の分野にはまったく手がつけられていない」ことを痛烈に批判しながら、「東京空襲を庶民の立場で記録する」ことの重要性を強調している(「庶民の戦争記録」『出版ニュース』一九七一年六月上旬号)。

同時に、早乙女勝元が同会の活動に関連して、「二十六年前のあの日(東京大空襲の日)、十四、五歳から、二十歳前後だった女性たちが、いま東京空襲を告発する主力になっている」と書いているように(「晴れの日に防空頭巾を」『サンデー毎日』一九七一年八月一五日号)、各地の記録する会の運動は、「銃後」の戦争体験というその固有の性格を反映して、女性の戦争体験に正当な位置づけを与えたという点でも画期的だった。女性の戦争体験についての従来の記録としては、鶴見和子・牧瀬菊枝編『ひき裂かれて』(筑摩書房、一九五九年)などがよく知られているが、空襲を記録する会の運動は、女性の戦争体験記の裾野をいっきに拡大したのである。

もちろん、歴史家の羽仁五郎が、早乙女の『東京大空襲』について、「ぼくは、日本人が書くべきものは東京大空襲より前に南京虐殺の本でなくちゃならないと思う」と批判しているように(『日本軍国主義の復活』現代評論社、一九七一年)、各地の空襲を記録する会の運動は、日本人の被害者としての体験に焦点をあわせた運動だった。しかし、この運動のひろがりの背景には、ベトナム戦争、特に北爆の全面化とそれへの日本政府の積極的加担という現実があったことも否定できない。この点については、「横浜空襲を記録する会」の中心メンバーであった歴史家の今井清一が次のように指摘している(前掲『日本の空襲・十』)。

一九七〇年ごろに初めて空襲の問題が出てきたわけですが、ちょうどこの時期はベトナム戦争当時で、しかもベトナム戦に沖縄の基地が使われている。そういうことで、被害者意識とは区別しなければいけないのですが、被害を受けた自分の体験と、加害者としての責任の問題とが結びついて意識されるようになった。このことが、空襲を記録する運動が起こってくる重要な理由じゃなかったかなと思います。

今井が言うような意味での「被害」と「加害」とのからみあいの問題をこの運動が自覚的に追究したとは必ずしもいえないが、「被害」と「加害」の二つの側面を視野に入れた運動へと発展してゆく可能性を本来的にひめた市民運動であったことは疑いない。事実、九一年には、戦争の加害性・侵略性の問題を正面からとりあげた自治体レベルでの戦争記念館として、大阪国際平和センター（ピースおおさか）がオープンしているが、その設立を求める市民運動の一つの源流は、「大阪大空襲の体験を語る会」の運動だった（小山仁示「大阪大空襲の記録化」『岩波講座　日本通史　別巻2』岩波書店、一九九四年）。

さらに、庶民の戦争体験の記録化という点では、創価学会青年部の活動も見逃せない。同会青年部は七四年一月の第二二回総会で「平和憲法擁護に関する青年部アピール」を採択し、その活動の一環として、会員の戦争体験を掘りおこし戦後世代に継承する活動に取り組むことを決めた。この運動の成果は、創価学会青年部反戦出版委員会編『戦争を知らない世代へ』全五六巻（第三文明社、一九七四～七九年）、同『戦争を知らない世代へⅡ』全二四巻（同上、一九八一～八五年）にまとめられることになるが、このシリーズの特徴は、各県ごとに主として聞き取りという方法で多数の会員の戦争体験を記録していること、生々しい加害証言、特に中国戦線におけるそれを多数含んでいること、の二点にあった。

こうした中で、マスコミのレベルでも庶民の戦争体験に大きな関心が注がれるようになる。例えば、『読売新聞』の「大阪・都市圏版」には、七五年七月から大阪社会部による「戦争」の連載が始まっている。庶民の戦争体験を軸にして一五年戦争の時代をえがこうとしたこの長期連載は、読売新聞大阪社会部編『戦争』全二〇巻(読売新聞社、一九七六〜八四年)にまとめられ全国的にも大きな反響をよぶことになるが、この企画の中心となった黒田清は、同じ読売新聞社の長期連載「昭和史の天皇」と対比させながら企画の趣旨を次のように説明している(「連載〈戦争〉の方法と読者と」『新聞研究』一九七七年二月号)。

「昭和史の天皇」はオーラル・ヒストリーといわれる通り、堂々たる正史である。論理、客観、史実といったものが一本の筋として貫かれている。それに対して〈戦争〉には、そういった正史としての存在理由はない。そこにあるのは、主観であり情念であり感覚である。別のいい方をすれば「昭和史の天皇」はレコードのA面だが〈戦争〉はB面的なものと言っていいのではないか。数多くの人たちにとって、戦争とは、いつまでも消えることのない傷あとである。ある意味では、いまさら触れてほしくない傷あとを私たちはさぐり、触れていく。傷口をなめて少しでも痛みをやわらげたいという気持ちもある。しかしそれ以上に、その痛さを伝えることが大事だと思うからである。こういう気持ちの作業だから論理や客観より、情念や主観が前に出る。

「昭和史の天皇」は、六七年一月から七五年九月まで、一七九五回にわたって『読売新聞』に連載された「昭和史」の記録だが、一五年戦争当時、枢要な地位にあった旧軍人や官僚、宮中関係者からの直接取材によって、その時代をえがこうとしている点に特徴があった。その「昭和史の天皇」を黒田が強く意識しており、それとは異なる時代像を提示しようとしている点が興味をひく。なお、この連載は、その後、読売新聞社編『昭和史の天皇』全三〇巻（読売新聞社、一九六七～七六年）にまとめられている。

以上みてきたような戦争体験の記録化をめざす「草の根」の運動は、戦後の日本人の戦争観の歴史を考える上では、きわめて重要な意味を持つ。何よりもそれは、多くの国民が自己の戦争体験と向きあい、それを自分なりに総括する直接のきっかけとなった。さらに、これらの記録化を通じて、庶民の立場からみた戦争の実相が明らかにされただけでなく、ともすれば、軍事・政治・外交・経済などのマクロ的分析に偏りがちな従来の戦争史のあり方が問題とされ、戦争の時代のいわば生活史に新たな光があてられることになったのである。

## 国家指導者の対内責任

以上みてきたような戦争観の動向とならんで、この時期のもう一つの大きな特徴は、封印されてきた日本の国家指導者の国民に対する責任の問題が、ある程度認識され始めてきたことである。すでにくり返し述べたように、対外的にはサンフランシスコ講和条約の第一一条で東京裁判の判決を受諾するという形で最小限度の戦争責任を認め、対内的には戦争責任の問題を棚上げ、ないしタブー視するというダブル・スタンダードが成立するのは、五〇年代前半のことである。しかし、ここで見逃すことができないのは、このような処理の結果、曖昧にされたのは日本人と日本国家の対外的な戦争責任の問題だけではなく、日本の国家指導者の国民に対する責任の問題もまた不問に付されたという事実である。

この点については、東京裁判の弁護団副団長であった清瀬一郎が、開廷に際して次のように述べているのが注目される(「国際裁判に立つ心境」『政経春秋』第一巻第六号、一九四六年)。

若し我が国に於いても戦犯国内裁判が始まり、東条なり松岡なりが日本をしてかくのごとき状態に到らしめたと云ふことの責任を問ふの裁判が始められたならば、東条にしろ松岡にしろ決して無罪の主張をしないに違ひない。……〔また、東京裁判の〕性質が国内責任を問ふものであつたならば私共弁護士としても自ら今日の態度とは異る態度をとるに到つたらう。しかし今回の裁判の性質が国際裁判であるが為に甚だ微力ながらも献身的な努力をして、我が国の過去に於てとり来った立場を世界に表明して見ようと思つてゐる次第である。

しかし、戦後史のその後の展開の中で、指導者の自国民に対する責任の問題が具体的な形で追及されたことはほとんどなかったし、清瀬自身も東京裁判の不当性を声高に主張するだけで、自らが提起した「国内責任」の問題を顧みることはなかった。アメリカの占領政策の一環として、軍人や政治家を中心にしたかつての指導者が公職から追放されるが(公職追放)、その多くは、講和条約発効の前後から追放指定を解除されて復権している。こうして、指導者の国民に対する責任の問題は曖昧にされることになるが、そのことを最も象徴的な形で示していたのは、「大日本帝国」の元首であり「大元帥」だった昭和天皇自身の戦争責任の問題が、その退位すら実現しなかった事実が示すように、完全に不問に付されたことだった。

こうした中にあって、論壇のレベルで国家指導者の対内責任の問題を、最もはっきりとした形で論じていたのは歴史家の家永三郎だろう。家永は一五年戦争の発端となった柳条湖事件自体が陸軍刑法違反の犯罪行為によって、でっちあげられ、敗戦の時点では時効が成立していなかった事実に注目し、次のように論じたのである(「極東裁判についての試論」『思想』一九六八年八月号)。

十五年戦争は決して国際法に違反した国際的犯罪であるにとどまらなかった。それは同時に日本の国法を無視した国内法的犯罪の累積でもあり、日本の人民は、侵略戦争に動員され隣邦諸民族に対する加害者ともなった反面、国内法的には被害者でもあったのである。歴史的可能性は別にして、純理論的に考えるならば、日本国内法による戦争犯罪の責任が追及せられねばならなかったはずである。

ところが、七〇年代に入ると、封印されていたはずの天皇の戦争責任問題に小さな綻《ほころ》びが見え始めるようになる。その直接のきっかけとなったのは、七一年九月から一〇月にかけて行なわれた昭和天皇の訪欧である。この時、天皇は各地で大きな歓迎を受けるが、ヨーロッパ各国の国民感情には複雑なものがあった。イギリスでは天皇の記念植樹は何者かによって倒され、元東南アジア連合軍司令官でエリザベス女王の伯父にあたるマウントバッテン卿が歓迎宴への出席を拒否した。エリザベス女王も晩餐会のスピーチの中で、「過去に日英両国の関係がつねに平和ということであったとはいえません」と述べて、戦争の時代に全く言及しない昭和天皇との姿勢の違いを明確にした。オランダでは日本軍の捕虜であった軍人グループのデモがあり、同じく西ドイツでは天皇の戦争責任を追及するデモが行なわれた。

西ドイツでのこの時のデモに触発される形で歴史家の井上清が、天皇の戦争責任を追及した最初の本格的著作『天皇の戦争責任』（現代評論社、一九七五年）をまとめあげた事実が示すように、この訪欧は天皇の戦争責任の問題が決して過去の問題ではなかったことを日本人に気づかせる契機となった。訪欧を取材した特派員たちの間からも、「過去の不幸な戦争を今度のヨーロッパ旅行でどう扱うかという点で、日本側と欧州各国との違いがはっきり出たね」、「日本はすべてはもうすんだという考えで、出来るだけ避けてすまそうとしていた」などの声があげられている（『朝日新聞』一九七一年一〇月一四日付）。

さらに、七五年九月から一〇月にかけて行なわれた天皇の初の訪米の際にも、天皇が公式行事の「お言葉」の中で、かつての戦争についてどのような形で言及するかが大きな注目をあびたように、戦争責任の問題を避けて通ることはできなかった。結局、この時は、フォード大統領主催の歓迎式典の席上で天皇が、「〔私が〕深く悲しみとする、あの不幸な戦争」という形でアジア・太平洋戦争に言及し、アメリカ側もこれを米国民に対する事実上の謝罪と受けとめて好意的な反応をみせた（高橋紘『象徴天皇』岩波新書、一九八七年）。

しかし、戦争責任の問題は、帰国後、日本国内でも再燃した。一〇月三一日に日本記者クラブの代表との記者会見の中で、天皇の戦争責任についての質問が飛び出し、これに対して天皇は、「そういう言葉のアヤについては、私はそういう文学方面はあまり研究もしてないので、よくわかりませんから、そういう問題についてはお答えができかねます」と答えた。また、この時は原爆投下問題についての質問が出、天皇は、「原子爆弾が投下されたことに対しては遺憾には思ってますが、こういう戦争中であることですから、どうも、広島市民に対しては気の毒であるが、やむを得ないことと私は思ってます」と答えている。

重要なことは、このような天皇の発言と国民感情との間には微妙なズレが存在したことである。共同通信社はこの年の一二月に天皇制に関する世論調査(全国二〇歳以上の男女三〇〇〇人を対象、回収率八一・六%)を実施しているが、天皇の戦争責任問題についての設問の回答は、「天皇に戦争責任はない」=三六・一%、「天皇にも戦争責任はある」=三五・六%、「どちらともいえない」=二一・〇%、「関心がない」=一・八%、「わからない・無回答」=五・五%、という結果だった。「戦争責任はある」と「どちらともいえない」の合計は、五六・六%に達し、少なくとも過半数の人間が、「戦争責任はない」とする議論に納得していないことがわかる。

封印されてきた責任問題が綻び始めたもう一つのきっかけとしては、『木戸幸一日記(上)・(下)』(東京大学出版会、一九六六年)、『杉山メモ(上)・(下)』(原書房、一九六七年)などの重要史料の公刊によって、戦時下の天皇の実際の言動が、しだいに知られるようになってきたことがあげられる。天皇に戦争責任がないとする従来の議論の最大の論拠は、天皇は常に立憲主義的な慣行に従って行動してきたというものだった。つまり天皇は、内心異論がある場合でも内閣や統帥部の補佐と助言に従う形で決定をくだしてきた。したがって、天皇には直接の責任はないとする主張である。ところが、新史料の中からは、従来の天皇像の枠の中に必ずしも収まりきらない別の天皇像が浮かびあがってくる。積極的に発言し、行動する能動的な政治主体としての天皇というイメージである。

戦記作家の児島襄は、肯定的・讃美的な評価で貫かれた昭和天皇論である『天皇』全五巻（文藝春秋、一九七四年）を、ちょうどこの時期にまとめている。しかし、その児島の場合においてさえ、「天皇の治績をふりかえるとき、天皇がときには国政にたいして積極的な意思を表示されていることに気づく」、「太平洋戦争をふりかえるとき、日本で最も戦況を知悉《ちしつ》していたのは、天皇であった」と書かざるをえなかった所に、このような状況の変化が明らかに反映しているといえるだろう。

こうして、天皇に代表される国家指導者の対内責任の問題に関しても、変化の兆しが少しずつ現われ始めていたのである。

# 第七章　ダブル・スタンダードの動揺

——一九八〇年代——

## 教科書検定の国際問題化

一九八二年六月二五日、文部省は翌年四月から使用される高校用教科書の検定結果を公表し、翌日の新聞各紙はその内容を詳しく報道した。ところが、この報道によって、文部省が日本の対外侵略を「侵入」や「進出」に、朝鮮の三・一独立運動を「暴動」などと書き直させていた事実が明らかになると、アジア諸国は敏感に反応し、中国や韓国では厳しい対日批判がまきおこる。教科書検定の国際問題化である。この時の初期の報道の一部に「誤報」があったのは事実だが、「侵略」という表現を排除する検定が一貫して行なわれてきたのは確かである。家永教科書検定訴訟などを通じて今日ではよく知られているように、文部省は戦後の早い時期から検定行政を通じて教科書の内容を細かくチェックする仕組みをつくりあげ、特に一五年戦争の問題では、戦争の侵略性や加害性を否定する方向での露骨な介入を常に行なってきた。サンフランシスコ講和条約の第一一条で対外的には東京裁判の判決を受諾しておきながら、国内ではそれと全く相反する内容の検定を公然と行なってきたのだから、教科書検定制度はまさにダブル・スタンダードを象徴する存在だったといえよう。そこに、外から強烈な一撃が加えられたのである。

こうした中で、当初はタカをくっていた日本政府も、中国や韓国側の姿勢が予想外に強硬であることがわかると、従来の政策の手直しに踏み切る。その結果、八月二六日には宮沢喜一官房長官が政府見解を発表し、「わが国の行為が韓国・中国を含むアジアの国々の国民に多大の苦痛と損害を与えたことを深く自覚し」ているとした上で、問題となった教科書の記述を「政府の責任において是正する」ことを約束した。これをうけて、同年一〇月には、文部省は、教科書検定基準を改定して、新たに「近隣のアジア諸国とのあいだの近現代史の歴史的事象の扱いには国際理解と国際協調の見地から必要な配慮がなされていること」という文言を加えた。いわゆる「近隣諸国条項」である。

また、この問題がとりあげられた八月六日の衆院文教委員会では、小川平二文相が、木島喜兵衛議員（社会党）との長い質疑応答の末に、日中戦争は「侵略であったと申し上げます」と発言した。同じ日の委員会で質問に立った山原健二郎議員(共産党)が、「私は、閣僚の中でこういう明確な侵略戦争という規定を、発言した大臣は恐らく小川文部大臣が初めてではなかろうかと思いまして、その点については評価したいと思います」と発言しているように、現職の閣僚が戦争の侵略性をはっきりと認めたという点では、エポック・メーキングな答弁だった。

一方、この年のベストセラーの第一位は、八一年末に出版された森村誠一の『悪魔の飽食』(光文社)だった(『出版年鑑 一九八三年』出版ニュース社、一九八三年)。細菌戦部隊＝七三一の生々しい戦争犯罪の実態を白日の下にさらしたこの著作が第一位にランキングされたこと自体、ダブル・スタンダードが国内においても綻び始めたことを端的に示していたといえるだろう。

## 中曽根内閣における政策転換

このような新しい情勢の中で、従来の政策の本格的な手直しに踏み切ったのは、八二年一一月に成立した中曽根康弘内閣だった。もちろん、この内閣が最初からそうした姿勢を意識的にとった訳ではなく、当初は首相自身にも「タカ派」的性格を国民に印象づけるような言動が少なくなかった。戦争観にかかわる問題にかぎってみても、八五年七月二七日の自民党軽井沢セミナーでの講演の中で、戦争の侵略性・加害性を承認する見解を、「東京裁判戦争史観」、「マルキシズム戦争史観」などときめつけた上で、「自虐的な思潮」からの脱却と日本人としてのアイデンティティの確立を強い調子で訴え、大きな波紋をよぶ。また、同年八月一五日には、首相の肝いりで設けられた「閣僚の靖国神社参拝問題に関する懇談会」(靖国懇)の報告をうける形で、戦後の首相としては初めて靖国神社に公式参拝し、アジア諸国からの強い反発を呼びおこした。特に、中国政府は東条英機などのA級戦犯を合祀した神社への首相の公式参拝を強く問題にした。東条英機元首相ら一四名のA級戦犯の合祀は、七八年に密かに行なわれ、翌七九年の新聞報道によって一般にも知られるようになっていた。

このような姿勢に変化が現われるのは、八六年に入ってからのことである。まず、八月一四日には、中曽根内閣の後藤田正晴官房長官が談話を発表し、「昨年実施した公式参拝は、過去における我が国の行為により多大の苦痛と損害を蒙った近隣諸国の国民の間に、そのような我が国の行為に責任を有するA級戦犯に対して礼拝したのではないかとの批判を生」んだとした上で、「国際関係を重視し、近隣諸国の国民感情にも適切に配慮しなければならない」として、首相の靖国神社公式参拝を見送ることを明らかにした。毎日新聞社の政治部記者・牧太郎が巧みに表現しているように、「中曽根は、『日本人のアイデンティティ』と『国際国家』を天秤にかけ、『国際国家』を取った」のである(『中曽根政権・一八〇六日〈下〉』行研、一九八八年)。

続いて後藤田官房長官は、八月一九日の衆院内閣委員会でも、柴田睦夫議員(共産党)の質問に答えて、サンフランシスコ講和条約の第一一条によって、「国と国との関係においては日本政府はこの極東裁判〔東京裁判〕を受諾しておるという事実がある」と述べて、これを内閣の統一見解であるとした。間接的な表現ではあるが、国内向けの答弁の中で一五年戦争を日本の侵略戦争だと認めたことになる。

また、中曽根首相自身の発言にも、はっきりした変化が現われてくる。内閣成立直後の八二年一二月二二日の参院予算委員会の答弁では、中曽根首相はアジア・太平洋戦争の性格を聞いた佐藤昭夫議員(共産党)の質問に対して、「そういう歴史的評価の問題は、これはいろいろな学者や歴史家が判定を下すべき問題であると思いますが、ともかく日本の行為につきましては、関係各国あるいは世界の歴史家等から侵略行為があったと、侵略的戦争であったという判定をわれわれは受けておる」と述べるに止まっていた。国際的には侵略戦争という認定をうけていると述べた点では、歴代の首相答弁と異なっているが、日本側の歴史評価を回避するという点では、従来の路線の枠内での答弁である。

それがこの八六年の九月三日に行なわれた共同通信加盟社編集局長会議での講演の中では、中曽根首相は、『「A級戦犯合祀は侵略された相手側の国民感情を刺激する。私はあの戦争は侵略戦争だったと思っている」と述べ、初めて太平洋戦争は侵略戦争だったとする認識を示した」のである(『毎日新聞』一九八六年九月四日付)。

また、続く九月一六日の衆院本会議でも中曽根首相は、土井たか子議員(社会党)の質問に対して、「やはり侵略的事実は否定することはできない」と明言し、翌一七日の参院本会議でも、対馬孝且《たかかつ》議員(社会党)の質問に対して、日本の対中国政策に「過剰防衛」の傾向があったことを認めた。

さらに、同じ日の衆院本会議では、塚本三郎議員(民社党)の質問に対する答弁の中で、A級戦犯を合祀した靖国神社への公式参拝を中止した理由について説明し、「しかし、一方において、あの戦争のときにおきまして、国の命令によって前線へ出まして、そして戦死された将兵は、国の命令によって出撃いたしました。……それらの方々と戦争を指導した人たちの立場は違う、責任も違うと私は考えております」と述べた。つまり、ここで中曽根首相は、東京裁判の判決を前提にした上で「指導者責任観」の立場に立つことを確認したことになる。

なお、話は少し前後するが、中曽根内閣は、植民地統治の問題でも多少とも踏みこんだ対応をしているのが注目される。八四年九月六日、来日中の全斗煥・韓国大統領の歓迎のために開催された宮中晩餐会の席上で、昭和天皇は、「今世紀の一時期において、両国の間に不幸な過去が存したことは誠に遺憾」と発言し、はなはだ曖昧な表現ではあるものの、植民地統治に一応の遺憾の意を表明した。中曽根自身の語るところによれば、この時は日韓関係を重視した首相の政治的決断で、「お言葉」の中にこの一節が書き加えられたとい

う(『朝日新聞』一九九〇年五月二二日付)。

すでに、第一章でふれたように、このような転換の直接の背景にあるものは、日本がアジア地域でより大きな政治的リーダーシップを発揮するためには、戦争責任の問題が大きな障害になっているという現実主義的な認識であり、中曽根首相は対外的配慮を優先させる形での政策転換に明らかに踏み切ったのである。

## 財界人の認識の変化

さらに、このような政策転換のもう一つの背景としては、日本経済にとってアジアの持つ意味が変化したことを指摘しなければならないだろう。日本資本の海外進出が急激に進むのは八〇年代に入ってからのことだが、特に八〇年代の後半になると東南アジアを中心にしたアジア地域への直接投資が増大し、日本を中心にした広域経済圏がまがりなりにも形成されてくるようになる。

こうした変化を反映して、財界人のアジア観や戦争観にも、しだいに変化が現われ始めるが、この時期以前の、特に高度成長期の財界人の戦争観の特質を一言で言い表わすならば、「アジアの不在」ということになるだろう。例えば、「財界の官房長官」の異名をとった今里広記（日本精工社長）は、「軍事費が再生産の枠外から国民の生活水準に圧迫を加えることがなかった」のが高度成長の最大の要因であり、そうした政策を意識的に採用した吉田茂こそが、高度成長の「生みの親」であるとした上で、かつての戦争を次のように総括している。

第二次大戦は、敗戦国としての日本やドイツからみると「持たざる国」の「持てる側」に対する資源再分配を要求する戦いであったという一面は、イデオロギー抜きで考えて一応肯定せざるを得ない面があったように思われる。そしてまた、「持たざる」グループはその結果として「持たざるが故に」必然的に敗れ去っている。その結果としてわが国には平和憲法があり、……敗戦国側としてもユニークというべき軍事費を考えなくてもよい国家経済の運営が行なわれるようになったのであった（「〝日本の世紀〟実現への挑戦」『経営者』一九六八年一月号）。

ここでは、アメリカ主導の占領改革が肯定的に評価されているだけでなく、戦争は対欧米関係という狭い枠の中でだけとらえられており、アジア地域は資源の再配分を要求すべき対象地域でしかない。英米との関係では「持たざる国」であった日本も、アジアで唯一の帝国主義国として、アジア諸国との関係では、「持てる国」であったことを忘れてはならないだろう。

さすがに、七〇年代に入ると、七四年一月のジャカルタにおける反日暴動の発生に示されるように、日本の猛烈な経済進出に伴うアジア諸国との間の摩擦や軋轢の顕在化が大きな問題としてクローズアップされてくるようになる。『経団連月報』の一九七五年七月号にも、「わが国経済の国際化に伴う人的資源の強化」と題された座談会が掲載されていて、「なぜ日本人や日本の海外進出企業が、外国で問題を起こさずにもっとうまくやっていけないのか、あるいはなぜ日本人は外国でもっと信頼され、尊敬されないのか」といった問題が議論されている。しかし、そこでの議論の焦点は、司会の田口連三(経団連経済協力委員長)の、「いろいろご意見が出ましたけれどもやっぱり基本的には語学をまずほんとうに身につけること、つまり国全体が語学の重要性を認識」すること、というまとめに示されるように、アジア諸国の言語に熟達した人材をいかに育成するかという点にあった。つまり、アジア諸国の反日感情の背景には日本の占領統治時代の暗い記憶があることが充分に理解されないまま、きわめて実務的なレベルでの対応策の議論に終始しているのである。

ところが、八〇年代の後半から九〇年代にかけての時期になると、アジア諸国との関係の改善のためには、戦後処理の問題や戦争観のズレの問題が重要なポイントになっているという認識が、それなりに生まれてくる。いま、その状況を『経団連月報』の誌面で追ってみると、同誌一九八六年五月号の座談会「アジアとの関係を考える」の中で、アジア留学生協力会会長の小山五郎(三井銀行取締役・相談役)が、戦後の対アセアン関係について、「経済大国としてのわが国は何をしたかというと、『大東亜戦争で大変なご迷惑をかけてしまい、申しわけなかった。一億総懺悔という形で皆さんにお詫びするとともに、いかなる経済協力もいたしましょう』という誓いを立てて、できるだけのことをやってきたわけです」と発言しているのが興味をひく。

いうまでもなく、ここでは、アジア・太平洋戦争が少なくとも結果的には、アジア諸国に悲惨な犠牲を強いた戦争であることは自明の前提とされ、戦後の経済協力にそれに対する「償い」の意味づけが与えられているのである。ただ小山の場合、「われわれとしては、『あなたがたが独立できたのは、一体どうしてなのか』ということを胸中に抱きながら、しかし、これを言ってしまったらおしまいですから、そこで黙々と彼らの協力要請に応じているわけです」という印象的な発言がよく示しているように、個人的には、アジア・太平洋戦争はアジア諸国の独立に貢献したという歴史観を明らかに持っている。しかし、そのことを公言することが日本の国益に反するという自覚が生まれてきていることが、ここでは重要だろう。

また、同誌一九九〇年一月号の座談会「新時代を迎えた対アセアン関係を考える」も興味深い。そこでは、西尾信一(経団連国際文化交流委員長)の、「もう一つは戦争の傷跡が、アジアの各国に非常に根深いことです。そのくせ、日本人一般がどうもアジア各国を見下ろすというような面があることが〔対日感情に〕影響しているという感じがします」という発言、あるいは、土方武(経団連副会長)の、「日本の役割は、過去の後遺症も考えながら、謙虚な気持ちでリーダー性を発揮していくことだと思います」という発言にみられるように、戦争の「後遺症」の問題の重要性がはっきりと認識されているのである。

このような財界人の側の意識の変化は、『月刊Keidanren』一九九二年四月号に掲載された日本を含む東アジア九カ国の経営者アンケートの結果にも現われている。同誌編集部は、今後一〇年のアジア情勢の予想などを聞いたこのアンケートの狙いを、「脱亜入欧を目指した日本、そして八紘一宇に懲りた日本は、自らをアジアの国とは必ずしも見なさない国家運営、経済運営を進めてきた。しかし今、世界の重要な地域としてのアジアの姿が明確になるに従い、アジアにおける日本の姿もまた、従来以上に明白に意識されるようになってきた」と説明しているが、日本の経営者の回答の中にも戦争責任の問題を強く意識したものが少なくない。印象的な回答を摘記してみると次のようになる。

〔今後、アジア新秩序形成のためのフレイム・メーカーとしての日本の役割に対する期待が高まることが予想されるが〕その際、過去の反省に立脚し、中国や米国、ロシア等と連携した co-chair の形がベスト(富士ゼロックス・小林陽太郎会長)

あらゆる場合に日本のかつての侵略の事実が取り上げられ非難されると思われ、日本がアジアのリーダーを気取ることは慎まねばならない。しかし実質はリードをせねばならず難しい（旭化成・弓倉礼一社長）

先の大戦での行為に対する（ドイツ並みの）謝罪抜きには日本は信頼されない（ダイエー・中内㓛会長兼社長）

このようにみてくると、純然たる「経済の論理」の上からも、従来の政策の何らかの形での手直しが要請されるようになってきたことが理解されるだろう。

## 宮中グループ史観の台頭

それでは、以上のような政策転換を前提にした上で、この時期の戦争観の動向を概観してみることにしよう。まず指摘できるのは、陸海軍の強硬派とは一応区別することのできる貴族主義的な保守的自由主義者たち、具体的にいえば、天皇やそれと一体化した宮中グループの思想と行動を高く評価し、彼らを軸にして一五年戦争の時代像を再構成しようとする動きが強くなってきたことである。宮中グループとは、元老、首相経験者などの重臣、内大臣や内大臣秘書官長、侍従長、宮内大臣などの天皇の側近者と、彼らに公式・非公式に結びついて行動した一群の人々をさすが、天皇及びこれらの人々を軍部の推進する軍国主義的な戦争挑発政策に対する一貫した抵抗者であり、平和主義者であるとみなすところに、この議論の大きな特徴があった。このような主張は、敗戦直後から日本社会の中で絶えず再生産されてきたものだが、一つのまとまりを持った史観として登場してくるのは、やはりこの時期であり、八九年一月の昭和天皇の死去によってピークに達する。

以下、このような史観を「宮中グループ史観」とよぶことにするが、それを論壇のレベルでの実際の著作で見てみると、七〇年代に出版された児島襄の『天皇』全五巻(文藝春秋、一九七四年)に始まり、八〇年代に入ってからのものとしては、勝田龍夫『重臣たちの昭和史(上)・(下)』(文藝春秋、一九八一年)、小堀桂一郎『宰相鈴木貫太郎』(同、一九八二年)、河原敏明『天皇裕仁の昭和史』(同、一九八三年)、秦郁彦『裕仁天皇五つの決断』(講談社、一九八四年)、半藤一利『聖断』(文藝春秋、一九八五年)などをあげることができる。

なお、前章で自由主義的な提督を高く評価する海軍史観についてふれたが、岡田啓介や米内光政などの海軍軍人は天皇の信頼の厚い重臣でもあったから、海軍史観と宮中グループ史観とは互いに重なりあう面を持っていることになる。

このような歴史観が脚光をあびるようになった背景には、明らかに昭和天皇の高齢化に伴う「昭和」という時代の終焉の予感があるが、歴史認識の問題としてみた時、そこには大きな問題があった。

第一には、天皇が一貫した平和主義者であったという見方が、天皇は常に立憲主義的な原則に忠実であったという議論とワンセットになっていたことである。つまり、仮に天皇が平和を強く望んでいたのなら、なぜ、ポツダム宣言受諾の時にそうしたように、自らの大権を行使して戦争への道を阻止しなかったのかという疑問が常についてまわる。これに対しては、天皇は明治憲法第五五条の規定に基づき天皇を輔弼《ほひつ》する責任と権限を有する国務大臣の補佐に従って最終的な決定をくだすという立憲主義的な原則を尊重していたため、内閣の一致した決定には異を唱えられなかったのだという回答が準備されることになる訳である。

しかし、天皇が国務に対して積極的な意思表示をしばしば行ない、内閣の側も天皇のそうした政治的意思を無視できなかったこと自体は、今日では、もはや否定することのできない歴史的事実に属するといってよい。また、右のような意味での立憲主義の原理すら及ばない領域が存在したことも見逃せない。その最大のものは、陸海軍の動員や作戦計画などに関する統帥事項だが、この統帥事項に関して天皇を補佐するのは首相や陸海軍大臣などの国務大臣ではなく、陸軍の場合は参謀総長、海軍の場合は軍令部総長だった。しかも、この両者は、国務大臣のような憲法上の輔弼責任者ではなく、「大元帥」としての天皇の幕僚長にすぎず、天皇自身もまた統帥事項に関しては国務以上に積極的に関与するという点で、「大元帥」としての実質を完全に備えた存在だった。

右の点については、田中伸尚『ドキュメント昭和天皇』全八巻(緑風出版、一九八四〜九三年)、藤原彰『昭和天皇の十五年戦争』(青木書店、一九九一年)、山田朗『大元帥 昭和天皇』(新日本出版社、一九九四年)、粟屋憲太郎『十五年戦争期の政治と社会』(大月書店、一九九五年)などで詳しく論証されているので、ここでは、この問題が国会の論戦の中でも取り上げられている事実を指摘しておきたい。昭和天皇死去直後の八九年二月一八日の衆院予算委員会における不破哲三議員(共産党)の質問がそれだが、不破議員はこの質問の中で、天皇は国務大臣の輔弼に従って開戦を決定した以上、天皇には戦争責任はないとする竹下登内閣の政府見解をとりあげ、真珠湾攻撃の決定はどの国務大臣の輔弼によって決定されたのかをただした。これに対して、味村治内閣法制局長官は、「全国務大臣の輔弼によって行なわれたと考えております」と答弁し、不破議員から統帥事項には国務大臣は関与できないことを指摘されると、「実際問題は、私は存じませんが、この憲法の条項によりまして、戦争の開始につきましては国務大臣の輔弼によって行なわれたものである」と重ねて答弁した。

しかし、実際には、真珠湾への攻撃計画は、四一年一一月五日に軍令部総長から上奏された「対米英蘭戦争帝国海軍作戦計画」を天皇が裁可することによって最終的に決定されており、国務大臣は全く関与していない。それにもかかわらず、味村法制局長官の答弁は、天皇＝立憲主義者という建て前にあくまで固執したため、歴史的事実と全くかけ離れた内容のものとなってしまったのである。

宮中グループ史観の第二の問題点は、この立場に立つ論者たちが、このグループの政治的スタンスの変化を全く認めようとしないことである。確かに、このグループは満州事変前の時期までは、ベルサイユ・ワシントン体制と国内における政党内閣制を、大枠においては支持していた。ベルサイユ・ワシントン体制とは大国間の協調と軍縮を一つの特色とする第一次世界大戦後の国際秩序をさす。しかし、その後、このグループは従来のスタンスをしだいに変化させ、ベルサイユ・ワシントン体制の軍事力による打破を意図した軍部の路線を黙認し、あるいはこれに同調していった。この点については、すでに『昭和天皇の終戦史』の中で論じておいたので、ここでは宮中グループのいわばホープである米内光政の近年発見された書簡の一節を紹介しておきたい。米内は、第二艦隊司令長官当時の三五年に保科善四郎に宛てた書簡の中で次のように書いていたのである(高田万亀子『米内光政の手紙』原書房、一九九三年)。

独逸を核心とする欧州の政局は今の処《ところ》見透しがつきませぬ。然し列強の痛い所、連衡の弱い所に対し、第二、第三の独逸の爆弾を投げつけることは非常に好ましいことと思つて居ります。

米内の伝記作家で米内にきわめて高い評価を与える高田は、「米内が欧州政局のゴタゴタ、ドイツの爆弾を歓迎しているのには少々驚いた」として、とまどいを隠せないでいるが、米内はベルサイユ・ワシントン体制に軍事力で挑戦するナチス・ドイツの路線を明らかに肯定的にとらえているのである。なお、米内は敗戦後の四六年五月一五日に行なわれた国際検察局による尋問の中で、ヒトラーの犯した過誤として、遠大な目標をあまりに短期間のうちに達成しようとしたため、政策自体が冒険主義的な性格を帯びたことを指摘しているが、そこではヒトラーが達成しようとした目標自体は必ずしも否定的にはとらえられていない。

ここで注目したいのは、宮中グループ史観の要をなす昭和天皇の戦争責任問題に関しては、微妙な国民感情が存在することである。時事通信社が天皇死去直後の八九年二月に実施した世論調査(全国二〇歳以上の国民二〇〇〇人を対象、回収率七三・八%)では、「昭和天皇に戦争責任があると思いますか」との問いに対して、「全面的にある」=七・五%、「幾分ある」=四四・九%、「ない」=二八・九%、「関心がない」=四・八%、「わからない」=一四・〇%であり、「全面的にある」と「幾分ある」の合計は五二・四%に達する。また、教育社会学者の河野仁が八五年に実施した旧陸軍士官学校・海軍兵学校卒業者約二〇〇〇名を対象にしたアンケート調査(回収率四七・〇%)によれば、「天皇陛下を尊敬している」かという質問に対して「よく当てはまる」と答えた者の割合＝「積極的回答率」は、戦争末期の陸士五九期から六一期で二七・四%(全期通算で六一・八%)、同じく海兵七五期から七八期で三三・三%(全期通算で五五・四%)にとどまっている(「大正・昭和期軍事エリートの形成過程」、筒井清忠編『「近代日本」の歴史社会学』木鐸社、一九九〇年)。天皇の「股肱」として位置づけられてきた旧軍事エリートの中でさえ、この程度の尊敬率しか維持できていないという事実は、記憶されていい事柄だと思う。

同時に、この宮中グループ史観が、海軍史観の場合と同様に、「大東亜戦争肯定論」を結果的には後景に押しやる機能を持っていたことにも注目する必要があるだろう。なぜなら、宮中グループの平和主義的性格が強調される時には、彼らが反対したとされる戦争は、侵略戦争といわないまでも、正当化することのできない戦争であったということが立論の暗黙の前提になっているからである。

## 海軍史観とその問題点

この時期の戦争観の動向のもう一つの特徴は、一九七〇年代に引き続いて、海軍史観の隆盛が著しかったことである。このうち、自由主義的な提督の再評価論としては、井上成美《しげよし》伝記刊行会編『井上成美』（井上成美伝記刊行会、一九八二年）、宮野澄《とおる》『最後の海軍大将 井上成美』（文藝春秋、一九八二年）、生出寿《おいでひさし》『反戦大将 井上成美』（徳間書店、一九八四年）、阿川弘之『井上成美』（新潮社、一九八六年）、高田万亀子『静かなる楯 米内光政(上)・(下)』（原書房、一九九〇年）などをあげることができるが、三国同盟や対米開戦に反対し、大艦巨砲主義を排して海軍の空軍化を主張した井上成美に対する高い評価がきわだっている。

また、海軍論全体の動向としては、戦前－戦後の連続性に着目して海軍の再評価を行なおうとする傾向がはっきり現われてくるのもこの時期の特徴である。その中でも特に目立っているのは、松浦敬紀編『終りなき海軍』（文化放送開発センター出版部、一九七八年）、上杉公仁編『ザ・海軍――政・財界リーダーたちとその秘めたる心情』（誠文図書、一九八二年）、同『未来永劫の群像』（政財界人脈センター、一九八五年）、市岡揚一郎『短現の研究』（新潮社、一九八七年）などに代表される「短現」に対するきわだって高い評価である。

「短現」＝短期現役海軍主計科士官とは、大学などの卒業者の中から選抜した青年を短期間の補修教育の後、一年間の短期服役の現役経理将校に任用する制度であり、その出身者が戦後の政・財・官界の要職を占めるようになったことから社会的にも大きな注目をあび、七〇年代に入るとその存在が週刊誌などでもたびたびとりあげられるようになった。右の一連の著作は、この集団のエリートとしての連続性に着目し、市岡の著作を例にとれば、現代における真のエリートの復権という立場から、彼らを育てた「短現」制度に高い評価を与えたのである。

また、戦前‐戦後の連続性に着目する著作という点では、中川靖造『海軍技術研究所――エレクトロニクス王国の先駆者たち』(日本経済新聞社、一九八七年)も重要である。中川によればこの著作は、「戦前、戦中、戦後の連続性という観点から日本の技術開発の一断面を捉えるという試み」であり、日本のエレクトロニクス開発の源流を海軍技術研究所を中心にした海軍の電波兵器開発の中に求めたものである。

以上みてきたような海軍史観は、今日に至るまで日本社会の中で大きな影響力を及ぼしており、そこには日本人の戦争観のある部分が凝縮されていると考えられるので、ここでは、その歴史観そのものの批判的検討を少し詳しく行なっておくことにしよう。

第一に指摘することができるのは、それが陸軍の推進する路線に追随し同調した海軍の責任を部分的には認めながらも、そのような追随や同調を生み出した海軍という組織の構造的欠陥や海軍の軍人の思想に内在する問題点を正面から分析しようとはしていないことである。例えば、元海軍中佐で戦後早い時期から数多くの海軍論を書いてきた吉田俊雄の場合でも、「独立統帥王国」を形成した陸軍の戦争責任を論じながら、海軍に関しては、「海軍のなかにも、……海大〔海軍大学校〕出が大多数を占める中央に、陸軍の場合のように構造的なものではないにせよ、情況的な問題が、一つならずあった」と述べるにとどまっている(『五人の海軍大臣』文藝春秋、一九八三年)。海軍の欠陥は、「情況的」なものであり、「構造的」なものではないという訳である。

第二には、「アジアの視点」の欠落という問題があげられる。確かに海軍には、陸軍と比較した場合、欧米的教養や合理主義的な思考様式を身につけ、欧米に対してはより協調主義的な政策をとろうとした軍人が少なくない。しかし、そうした人々が対アジア政策の面では、非理性的な拡張主義者としての相貌をあらわにする例が少なくないことも同時に重視すべきだろう。

その点で、前田哲男『戦略爆撃の思想』(朝日新聞社、一九八八年)の分析はきわめて示唆的である。前田はこの労作の中で、「米英の権益に対しては国際法順守の配慮を示しつつ、中国人に向かうと都市そのものを爆撃対象とする呵責ない空襲を実施する」という「西欧向けとアジア向けの二重標準」が海軍部内に存在することに着目し、前述の井上成美が支那方面艦隊参謀長時代には中国の首都・重慶に対する国際法を無視した無差別絨毯爆撃の強力な推進者であったことを明らかにしたのである。

第三の問題点は、それが海軍のエリート主義にはらまれる差別主義的本質にあまりに無自覚であり、特に海軍出身者の場合、程度の差こそあれ、ナルシシズムに近い自己讃美がみられることである。例えば、前掲『未来永劫の群像』の中で、兵学校の七八期生徒で海軍正規将校の親睦団体・水交会の幹部でもある上杉公仁は、「近年とみに海軍出身の国会議員の集いが催されるようになった」が、「陸軍出身者がこのような集いをもっていることは寡聞にして知らない」とした上で、次のように書いている。

かつて田中角栄元首相は盛岡騎兵旅団の陸軍上等兵、鈴木善幸前首相は弘前連隊の陸軍二等兵であった。このように、陸軍出身者には戦時中あまりエラクなかった(階級が下の)人ほど、現在エラクなっている例が多いようである。しかし、……このような会合では当時の階級しか通用しない。若い日を過ごした陸軍に郷愁を覚えても、つかの間とはいえ、戦時中の階級に逆もどりしたくない人が多いため、陸軍出身者の集い結成には至らない、と考えるのは深読みが過ぎるだろうか。それにひきかえ、海軍は昔エラカッた人がいまでもだいたいエラクなっている。それで〝総員集合!〟を

**表 20 「短現」の戦死率**

| | 人　数 | 戦死者 | 戦死率 |
|---|---|---|---|
| 海軍兵学校(68 期) | 288 | 193 | 67.0% |
| 海軍機関学校(49 期) | 79 | 44 | 55.7 |
| 海軍経理学校(29 期) | 26 | 8 | 30.8 |
| 予備学生　飛行科予備学生(11・12 期) | 156 } 708 | 105 } 211 | 67.3 } 29.8 |
| 　　　　　兵科予備学生(2 期) | 552 | 106 | 19.2 |
| **海軍経理学校補修学生**(短現 9 期) | 473 | 91 | 19.2 |

出典：大木保男ほか編『五分前の青春――第九期海軍短期現役主計科士官の記録』非売品，1979 年.

備考：第 12 期飛行科予備学生は第 2 期兵科予備学生からの編入組で第 11 期飛行科予備学生の同期となった.

かければ、なんの抵抗感もなく人が集まってくるのだろう。

さらに上杉によれば、「実践的であり、ときに土建屋の親方という風貌さえ漂う田中角栄元首相は、典型的な陸軍タイプ。スマートに洗練された中曽根康弘総理は、いかにも海軍(ネイビー)らしい雰囲気をそなえている」ということになるが、そこには独特のエリート意識と陸軍に対するある種の蔑視意識が見えかくれしている。

しかし、評価の高い「短現」にしても、大学出のエリートの側からすれば、比較的危険度の低い主計将校に短期間任用されるという点で、極論すればある種の「徴兵忌避」的意味あいを持つ。表20は、四二年九月に補修教育を終えた「短現」九期の戦死率と他の同世代の海軍将校の戦死率を軍学校別に比較したものである。表中の「予備学生」とは大学卒業者などを海軍の予備将校に任用する制度で、「学徒出陣」後は多くの大学生がこの予備学生に採用されている。「短現」第一期から第一一期までの平均戦死率は一五・〇％で第九期の戦死率は平均よりかなり高いが、その場合でも正規将校や予備学生出身の将校と比較すれば、かなりの低率になっていることがわかる。

　このことは、「短現」を高く評価する側でも暗黙の前提となっていて、前掲『ザ・海軍』も、「海軍が如何に優秀な人材を採用し、結果的に戦後の再建の人材温存に、短期現役制度を通じて大きな人的遺産を残したか」(傍点―引用者)を強調しているし、前章で紹介した『海軍式マネジメントの研究』の場合はよりあからさまに、「大学、高専の卒業生や在学生をやたら野たれ死にに追いやった陸軍と比べれば、短期（ママ）制度の果たした役割は大きい」と指摘している。つまり、見方を変えれば、「短現」は、高学歴の一部のエリートだけに認められた特権であって、学歴も資力もない一般の国民の場合には、絶望的抗戦の中で「野たれ死」んでゆくしかない境遇に置かれていたのである。

　七八年四月一一日、衆参両院の国会議員の中の旧海軍関係者が、「オールド・ネイビイ・クラブ」の設立総会をひらいた。総会には共産党を除く四七名の議員があつまり、社会党や社民連の議員まで含めた全員が将校用戦闘帽をかぶり、元ラッパ手のラッパにあわせての軍艦旗への敬礼、「英霊」への黙禱、「軍歌演習」などを行ない旧海軍の良さをたた

**オールド・ネイビイ・クラブ第1回総会**
(1978年4月11日，提供＝毎日新聞社)

えあったが、当日の参加者のかなりの部分は中曽根康弘議員などの「短現」出身者だった。

この総会の模様は、新聞などを通じて広く報道されたが、こうした「回顧趣味」は、自分自身が一握りの特権的階層に属していたという自覚と、そうした特権を与えられぬまま戦場で朽ち果てていった同世代の一般の庶民兵に対する負い目の感覚が希薄なところにのみ成立するといえるだろう。

同時に、海軍のエリート主義に対する手ばなしの讃美は、ほとんど必然的に「兵の視点」の欠如という海軍史観のもう一つの特質を生み出す。海軍史観の立場に立つ論者の多くは海軍が陸軍よりリベラルで合理主義的な体質を持っていたことを強調するが、この議論はあまりに一面的である。なぜなら、池田清の前掲書『海軍と日本』が指摘しているように、海軍は陸軍以上に、将校と下士官・兵との間が隔絶した「身分制」の社会だった。そして、下士官・兵の起居する艦内の居住区は、海軍の少年兵だった渡辺清が『海の城』(朝日新聞社、一九八二年)の中であますところなく描き出しているように、無法な暴力が支配する閉鎖的な空間を形づくっていたのである。また、兵士に対しては絶対的な存在であった下士官出身の将校の場合においてさえ、兵学校出身の正規将校との間には歴然たる差別が存在していた。これについては、二《に》藤《とう》忠『一海軍特務士官の証言』(徳間書店、一九七八年)や、坂井三郎の前掲書『零戦の真実』などが深い憤りをこめて告発している通りである。

戦後一貫して多くの「海軍讃歌」を書き続けてきた作家の阿川弘之が、「最下級水兵の眼を通して眺めれば、海軍がそれほど結構な社会だったわけはあるまい。私など、臨時雇いのオフィサーとはいえ、曲りなりにも士官の襟章をつけていたから、兵隊さんの立場で怨みつらみを言われると、『悪かったョ』『すみませんでしたねえ』それ以外、返事のしようが無い」と書かざるをえなかったように(『海軍こぼれ話』光文社、一九八五年)、兵のレベルに焦点をあわせるならば、海軍がリベラルだったという「神話」は直ちに瓦解するのである。

## 「経営書」的戦記と戦争責任論

この時期の戦争観の三つ目の特徴は、「経営書」的な戦記の刊行がピークをむかえたことである。代表的な著作としては、吉田俊雄『海軍式人間管理学』(講談社、一九八四年)、戸部良一ほか『失敗の本質』(ダイヤモンド社、同上)、堺屋太一ほか『連合艦隊の蹉跌』(プレジデント社、一九八七年)などをあげることができる。また、大きな話題をよんだ柳田邦男の大作『零戦燃ゆ』全三巻(文藝春秋、一九八四〜九〇年)にも、時代状況を反映して、「現代における経営学講座の実例研究の教材」を戦史から引き出すという発想が随所にみられる。

これら一連の著作は、『失敗の本質』がその執筆の意図について、「大東亜戦争における諸作戦の失敗を、組織としての日本軍の失敗ととらえ直し、これを現代の組織にとっての教訓、あるいは反面教師として活用すること」と簡潔に説明しているように、かつての陸海軍の「失敗」から組織論的な教訓を導き出し、それを現代の企業経営に積極的に生かしてゆこうとする、はっきりとした問題意識に支えられている点に最大の特徴がある。

また、いずれの著作も、現代の日本企業の硬直した体質に対する鋭い危機意識が背景にあるため、旧軍組織の非合理性・非効率性にはきわめて手厳しい批判をくわえており、その限りでは旧軍の美化につながる要素はほとんどないといってよい。この点は七〇年代後半の「経営書」的戦記が海軍の人事管理方式などをむしろ積極的に評価する傾向を持っていたのと鮮やかな対照をなしているが、このような変化の背景としては、八〇年代に入って「日本的経営」万能論が大きく翳り始め、多少とも冷静に日本型企業の「功罪」を論じようとする空気が生まれてきたという状況の変化を指摘することができるだろう。その意味では、長谷川慶太郎の『組織の戦闘力』(東洋経済新報社、一九八六年)が、「旧海軍の人事管理方式それ自体も、けっして万能ではなく、多くの欠陥を持っていただけでない。そのまま企業に持ち込んではならない側面があることに気づかなかった経営者は、倒産する以外にない」として、「海軍式経営」に一種の破産宣告を行なっているのは、この時期を象徴する出来事だった。

ただ、ここでどうしても否定することのできないのは、その問題意識や視角の著しい狭さである。右の『失敗の本質』の場合でも、主としてアジア・太平洋戦争期の英米との個々の戦闘の敗因が組織論的に分析されるだけで、この戦争が何よりもアジアに対する戦争であったという歴史認識は全くみられない。実はこのことは、同書の方法論と密接な関係がある。具体的にいえば、この本では完全な敗北に終わった戦闘、いいかえれば誰の目にも勝敗が明らかな止規軍同士の戦闘の事例がとりあげられ、その敗因を組織論的に明らかにするというアプローチがとられているが、ゲリラ戦のように主力部隊同士の決戦が存在せず、それ自体としては勝敗の判定をつけがたい無数の小戦闘が切れ目なしにくり返されるというような戦争形態の場合には、このアプローチでは、そもそも分析の対象となりえないのである。したがって、この方法論を前提にする限りは、ゲリラ戦が大きな比重を占めていた中国戦線の問題はほとんど視野に入ってこないし、いくら事例研究を積み重ねたとしても、対英米戦に偏重するだけで、対中国戦争を重要な構成要素としたアジア・太平洋戦争の本質はいっこうに見えてこないということになる。

もちろん、このことは問題へのアプローチの仕方の違いという側面を確かに持っている。それにもかかわらず、この問題にこだわるのは、それが、問題意識や視角の狭さの故に、日本人の戦争観を矮小化させる可能性を持っていると考えられるからである。

その点で象徴的な位置にあるのは、長谷川慶太郎の『日本近代と戦争7　これからの世界と日本』(PHP研究所、一九八六年)、および『さよならアジア』(ネスコ、同上)である。これらの本の中で長谷川は、戦前の日本国家の「侵略政策」や旧軍組織の非合理性・非効率性を強く批判する。その上で戦後改革の意義と日本が選択した「軍事小国」路線を高く評価し、戦後四〇年の歩みの中で日本は、豊かで理想的な社会をつくりあげてきたとするのである。

バブル経済崩壊後の今日、このような手ばなしの日本社会礼讃論がどこまで説得力を持つかは、はなはだ疑問だが、むしろここで重要なのは、戦争責任問題に対する長谷川の対処の仕方である。『さよならアジア』によれば、長谷川は、戦争責任問題をめぐるアジア諸国からの対日批判の中に、特定の政治的意図に基づく各国政府の意図的な情報操作だけを読みとろうとする。さらに、長谷川は議論を一歩進めて、あの戦争はもはや「時効」であるし、「日本人がいつまでも『戦争責任』にこだわりつづけること自体、日本だけでなく、アジア全体にとってもプラスではない」として、アジア諸国からの対日批判に対しても、「毅然とした強い姿勢、また、それを裏づけるだけの強い精神力」をもって臨むべきだと主張するのである。

このようにみてくると、アジアの中での日本のあり方に対する批判的考察が欠落した場合、経営論的な戦争観は、容易に新手の戦争責任否定論に結びつく可能性をはらんでいることがわかる。仮にそれが言いすぎだとしても、そうした戦争観はその視野の狭さの故に、戦争責任否定論に対する内在的な歯止めを欠いていることだけは確かである。

## 口をひらき始めた元兵士たち

以上のような状況の中で、従軍体験を持つ戦中派世代の中からも、自己の戦争体験を何らかの形で総括しようとする動きがしだいに顕在化してくるのが、この時期のもう一つの特徴である。そうした動きを端的に示しているのは、七〇年代に入ってから活発化した部隊史刊行の動きである。高橋三郎編『共同研究　戦友会』(田畑書店、一九八三年)によれば、多数の戦友会がつくられ、その活動が活発になってきたのは、高度成長によって日本社会が経済的にも安定し始めた六〇年代から七〇年代前半にかけての時期である。そして、その活動の上に本格的な部隊史の刊行が行なわれることになる。

部隊史の刊行は非売品などの形をとる場合が多いため、その全容を正確に把握することは難しい。しかし、国立国会図書館に所蔵されている文献を対象にした西村正守の克明な調査によって、その概要をつかむことはできる。すなわち、西村によれば、陸軍の部隊史などの戦記の刊行年は、六四年以前が五%、六五年から七四年にかけて刊行されたものが二五%、七五年から八四年にかけて刊行されたものが六五%、八五年が五%で、八二年を頂点とした山型を形成しているという(「歩兵聯隊戦史・戦記文献目録―戦後刊行」『参考書誌研究』第三一号、一九八六年）。

しかし、これらの部隊史には様々な問題がはらまれていたことも事実である。おそらく、その戦友会全体の性格や個性にもよるのだろうが、将校の建て前の論理だけで貫かれた公刊戦史的なもの、かつての将兵の「勇戦力闘」に対する顕彰だけに終始しているものなど、兵士たちの生身の情感や意識がいっこうに伝わってこないものも多い。また、それ以上に問題なのは、これらの部隊史の多くが、戦争の侵略性や日本軍の残虐行為について、依然として沈黙を守り続けていることである。戦記作家の高木俊朗は、戦友会による慰霊祭や部隊史編纂の動きについてふれながら、その点を次のように批判している（『ルソン戦記』文藝春秋、一九八五年）。

そのような場合に、〝英霊〟や遺族のために、戦場の悲惨や軍隊の恥部を書くべきでないとする主張が強いことがある。そして、遺族の心情を察して、戦場の悲惨、醜悪の面を覆い隠そうとする。さらには、旧軍隊のよかったところだけをならべ、暗黒陰惨な事実を無視する。……そうしたことが、一理はあるにしても、一つの風潮となり、様式となっている。

ところが、部隊史の刊行がピークをすぎ始めた頃から、かつての兵士たちが戦友会の活動とは別のところで、自己の戦争体験について積極的に語り始める。そうした時代の流れをはっきりとした形で示したのは、『朝日新聞』の読者参加方式の企画「テーマ談話室」の「戦争」シリーズだった。八六年七月から始まったこのシリーズは、当初の予定を大きくこえて一三カ月余のロングランとなり、その間の投稿総数は四二〇〇通、圧倒的に多かったのは軍隊体験を綴ったものであったという(朝日新聞テーマ談話室編『戦争㊤・㊦』朝日ソノラマ、一九八七年)。

もちろん、元兵士たちが自己の戦争体験を手記などの形で公表した事例は、過去においてもある意味では無数にあったし、野呂邦暢『失なわれた兵士たち』(芙蓉書房、一九七七年)のように、戦争文学論の立場から無名兵士の手記に着目した著作も存在した。しかし、八〇年代に入ってからのものは、従来のそれとは明らかに異なる新たな質を持っているように思う。

一つには、彼らが戦争の侵略性や加害性から眼をそむけず、むしろ日本軍の犯した様々な残虐行為についても、ようやく重い口を開き始めていることである。森村誠一の『悪魔の飽食』の取材に応じた七三一部隊の下級隊員たち、南京事件に代表される中国戦線での戦争犯罪について証言した元兵士たち、右に述べた「テーマ談話室・戦争」の投稿など、その例は枚挙にいとまないほどである。

このことと関連して見落とすことができないのは、「テーマ談話室・戦争」の場合でも、完全な戦後世代の投稿、それも戦争体験世代の戦争責任や戦争協力の問題を厳しく告発する内容のものがかなりあり、戦争体験世代の投稿の多くも、そうした批判の存在を念頭に置いた内容になっていることである。高度成長期を代表する戦記の一つである『父の戦記』の場合には、「批判者」の眼がほとんど意識されていないことをすでに指摘したが、そうした戦争体験世代をとりまく環境は、この間に急速に変化していったのである。

なお、ここで印象的なエピソードを一つだけ紹介しておくと、零戦のエース・パイロットだった坂井三郎は、九四年の一時期、青年向け週刊誌の『プレイボーイ』で、「大空に訊《き》け!!」という「実戦的人生相談」のコーナーを担当していた。ところが、この人生相談には、読者の一人から、「戦争中、軍部の意見に迎合して戦争に加担し、人を殺してきた戦争経験者が、当時の事情とリンケージさせて人生相談をするということに憤りを感じる」という批判がよせられ、坂井の側もこの批判を無視せず、このコーナーでその批判に彼なりにこたえようとしたのである(同誌一九九四年三月八日号)。「戦争開始を決意したのは時の政府であり、私たち兵士は政府の方針に従い、戦争指導者の命令を受けて義務を果たしたのだ」という彼の答えがどこまで批判者の青年を納得させるものであったかははなはだ疑問だが、この歴戦のパイロットが、若者の批判に丁寧にこたえようとしているその姿勢が注意をひく。

話が少し脇道に入ったが、従来の体験記とのもう一つの相違は、かつての「我らかく戦えり」式の自己陶酔的な戦記は完全に影をひそめて、彼らが自らの人生の終末を強く意識しながら、自分自身の人生の総括として戦争体験を語り始めていることである。高橋三郎の前掲『「戦記もの」を読む』は、この点について、「昭和五〇年代の戦争体験者の『戦記もの』の特徴は、『現在』の持つ意味が非常に大きくなったということです。……『戦記もの』が単に過去の戦争体験を記述するというよりも、筆者が自分の人生のすべてを振り返って、そのなかに戦争体験を位置づけようとしている場合が多いということです」と指摘している。

朝日新聞編集委員の永沢道雄は、「テーマ談話室『戦争』」の狙いの一つを、「一兵士としてあの戦争を戦ったのは、主として大正生まれの世代である。その最後の現役兵である大正十五年生まれの人が、このシリーズの始まる年に還暦を迎えた。普通の会社員なら定年となる。今がチャンスではないか」と考えたと説明しているが（「テーマ談話室『戦争』から」『平和研究』第一三号、一九八八年）、「戦争」シリーズが大きな関心をよんだのは、それが「受け手」の側の右のような姿勢にフィットしたからだろう。

同時に、ここで注目しておきたいことは、証言に踏み切った元兵士たちをとらえている深い罪責感である。『読売新聞』の連載「戦争」で中国人虐殺の体験を告白した元機関銃兵の林享の心境について、同じ中国戦線での従軍体験を持つ多賀正文は、同紙の記者に次のように語っている。

林さんは、ようあそこまで話したもんやと思うんや。戦友会なんかでは、ときどきあんな話も耳にするけどな、第三者にはなかなか言わんもんや。……だけどな、そんなむごい体験というのは、心の底に澱《おり》みたいに沈んだまま、いつになっても消えへん。あの戦争から四十年近く経ったいまでも、よどんだままのはずや。……わしももう六十二になるんやが、この年になると、耐えられんようになる人間もおる。よどんどるもんを吐き出してしまいたい、死ぬ前にだれかに聞いてもらいたい、と思うんやな。林さんも、きっとそうやったんや（読売新聞大阪社会部編『新聞記者が語りつぐ戦争17　中国侵略』読売新聞社、一九八三年）。

なお、この時期を代表する戦記として、ミッドウェー海戦に取材した作家の澤地久枝のドキュメント『滄海よ眠れ』全六巻（毎日新聞社、一九八四〜八五年）をあげておきたい。なぜなら、ここでの澤地の最大の問題関心は戦闘そのものではなく、この海戦で死んだ男たちとその家族の人生を再現することにあったからである。

## 微妙な国民意識の存在

以上みてきたように、八〇年代は、ダブル・スタンダードにはらまれる矛盾が様々なレベルで深刻になり、その動揺が始まった時代だった。そうした時代状況を反映して、第一章でもふれたように、八二年一〇月にNHK放送世論調査所が行なった「日本人の平和観」に関する世論調査では、明治以降の日本の対外的膨張を「侵略の歴史だ」と考える人は、五一・四％に達したのである。また、この世論調査では、「あなたは、ここ一年ぐらいの間に、日中戦争や太平洋戦争のことについて、誰かと話し合ったり、誰かから話を聞いたりしたことがありますか」と聞いた上で、「ある」と答えた人(全体の五九・九％)から、その話の内容を複数回答でえらばせているが、いま、その内容を多い順に並べてみたのが表21の左欄である。

全体としてみた時、戦争の美化に通じる可能性のある話題は少ない反面、日本人の被害者意識の根強さを反映して、被害体験に話題が集中する傾向がみられることが確認できる。

ところが、この質問への回答を七五年一一月に実施した調査のそれ(表21の右欄)と比較してみると、質問項目が異なるため厳密な比較はできないが、「日本軍の残虐さ」が大幅

### 表 21　戦争の話題

1975 年 11 月調査＝全国 16 歳以上の国民 3600 人を対象(回収率 73.3%)
1982 年 10 月調査＝全国 16 歳以上の国民 3600 人を対象(回収率 72.9%)

| | 1982 年 10 月調査(%) | 1975 年 11 月調査(%) |
|---|---|---|
| 戦争のみじめさ | 41.2 | 57.0 |
| 広島・長崎の原爆被災 | 37.3 | 46.6 |
| 出征・疎開・空襲・引揚げなどの体験談 | 31.6 | 100.4* |
| 日本軍の残虐さ | 26.7 | 14.5 |
| 沖縄での悲惨な戦闘 | 23.3 | — |
| 当時の教育や報道の実情 | 20.8 | — |
| 自由のない暗い当時の社会 | 20.1 | 20.5 |
| 指導者の戦争責任 | 16.4 | 17.3 |
| 日本がやってきた戦争の意味 | 14.4 | |
| 規律のある張りつめた当時の社会 | 9.3 | 19.4 |
| 愛国心のすばらしさ | 8.7 | 21.2 |
| 日本軍の勇敢さ | 8.6 | 18.4 |
| 国民の戦争協力責任 | 6.7 | 6.8** |
| 他の民族の犠牲 | — | 9.2 |
| 当時の日本をめぐる国際情勢 | — | 12.4 |
| 食糧難や物資不足 | — | 70.4 |

＊1975 年調査の「自分や家族の出征・軍隊経験」「空襲体験」「外地での生活体験」「学童疎開体験」「疎開体験」を合計したもの.

＊＊1975 年調査では「国民の戦争責任」.

(内閣総理大臣官房広報室編『世論調査年鑑 昭和 51 年版・58 年版』大蔵省印刷局，1976 年，1984 年)

## 表 22　教科書検定に関する世論調査

1982 年 9 月実施，被調査者＝全国の有権者 3000 人(回収率 71%)

| | |
|---|---|
| ・高校社会科の教科書で，日本軍の中国への「侵略」ではなくて「進出」，また，韓国の「三・一独立運動」ではなくて「暴動」などと記述してあるものがあります．これについて，次にあげるような意見がありますが，あなたのお考えに最も近いものを一つだけあげて下さい． | |
| 「進出」，「暴動」とするのは歴史的にみて誤った記述だ | 27.6% |
| 歴史的にみて誤っているかどうかわからないが，中国や韓国への配慮を欠いた不適切な記述だ | 28.5 |
| 歴史的にみて誤っているかどうかわからないが，日本の立場からすれば適切な記述だ | 18.3 |
| 「進出」，「暴動」とするのは歴史的にみて正しい記述だ | 3.7 |
| 答えない | 21.9 |

(『読売新聞』1982 年 10 月 11 日付)

にふえ、逆に「日本軍の勇敢さ」は激減しているのがわかる。この二つの世論調査を分析した脇谷道弘が指摘しているように、この間に、『日本軍』のイメージは、……決定的に悪化している」のである(「国民は過去の戦争の歴史をどう見ているか」『放送研究と調査』一九八三年五月号)。このように七〇年代から八〇年代にかけて、戦争の侵略性や加害性は、多くの国民の明白に認識するところとなったのである。なお、念のため記しておけば、一九七五年の調査には、侵略戦争か否かについての設問はない。

しかし、同時に、第一章でもふれたように、八二年のこの世論調査では、「資源の少ない貧しい日本が、他国に軍事進出して行ったのは、生きるためのやむを得ない行為だった」とする者も四四・八%に達していて、そこには、「侵略戦争」という認識と、「やむをえない戦争」という認識が共存する関係がみられた。このような微妙な国民意識のあり方を示すもう一つの事例が、教科書検定の国際問題化に関する世論調査の結果である(表22)。一番日と二番目の回答の合計が五六・一%に達する事実が示しているように、多くの人が検定のあり方に批判的な態度をとっている半面で、そのほぼ半数は、二番目の回答にみられるように、対外的配慮を優先させた形での批判であり、自国の歴史に対するはっきりとした見方に支えられている訳ではない。また、「答えない」層が二一・九%というかなり高い数値を示しているのも見逃せない。問題は、このような微妙で曖昧な意識のありようが、その後、どこまで変わったか、変わらなかったか、である。次の最終章では、この問題も含めて、敗戦五〇周年をめぐる日本社会の状況を検討してみることにしよう。

# 第八章　歴史からの逃避

――現在そして将来――

## 「大東亜戦争肯定論」の退潮

以上七章にわたって、戦後史の中での日本人の戦争観の変容を追ってきたが、この章では、敗戦五〇年をめぐる日本社会の状況について見てみることにしたい。一九九五年は、敗戦五〇年＝戦後五〇年の節目の年であり、日本国内でも戦争の評価をめぐって様々な動きが現われてきたからである。

まず何よりも、はっきりと確認できるのは、「大東亜戦争肯定論」の急速な退潮である。細川内閣以降の歴代内閣は、ともかくも「侵略行為」への「反省」を再三にわたって言明し、さらには植民地統治の責任をも認めるようになった。また、論壇のレベルでいえば、一九七〇年代以降の海軍史観や宮中グループ史観の台頭、あるいは「経営書」的戦記の流行が、少なくとも結果的には、「大東亜戦争肯定論」を後景に押しやる効果を持ったことは疑いない。国民のレベルでも八〇年代に入ると、戦争の侵略性や加害性に関する認識は確実に増大した。

このこととの関連で注目しておきたいのは、八九年一月の昭和天皇の死去によってピークに達した宮中グループ史観が、「大東亜戦争肯定論」を退潮に導く上で、予期せぬ決定的効果を持ったのではないかということである。宮中グループ史観の要をなす歴史観は、いうまでもなく天皇自身が一貫した平和主義者であり立憲主義者であったというものだが、その場合、その天皇が反対したとされる戦争は、侵略戦争とはいわないまでも、正当化する根拠に乏しい戦争であったということは、論者の暗黙の前提になっているからである。言葉をかえていえば、宮中グループ史観と「大東亜戦争肯定論」は両立不能の関係にあり、前者の立場に固執する限り、後者は結果的には退けられることになる。

この二つの歴史観のこうした非和解性を端的に示している一つの事例は、八九年二月一四日の参議院内閣委員会における味村治内閣法制局長官の答弁である。この時、「天皇は法律上、戦犯であり得るかという問題」について聞いた飯田忠雄議員(公明党)の質問に対して味村長官は、天皇には国内法上も国際法上も責任がないとした上で、東京裁判において「連合国が昭和天皇に対して訴追を行なわなかったということ」で、「昭和天皇の国際法上の戦争責任の問題は既に決着した問題である」と答弁したのである。味村長官自身が自分の答弁の持つ客観的な意味についてどこまで自覚しているのかは、よくわからないが、少なくとも昭和天皇を擁護するために一五年戦争を日本の侵略戦争であると断じた東京裁判の判決を援用し、それによって「大東亜戦争肯定論」を切りすてる結果になっている点が注意をひく。

二つの歴史観の非和解性を示すもう一つの事例として、『正論』の一九九四年八月号から九五年二月号にかけて五回にわたって行なわれた、文学者の小堀桂一郎と歴史家の林健太郎との間の論争も興味をひく。この論争は、様々な留保をつけながらも一五年戦争を日本の侵略戦争であるとみなす林の見解を小堀が批判することによって始まったものだが、林による反批判に小堀がこたえていない箇所が一箇所あるのが重要である。それは林論文の中の次の一節である(「歴史の事実と解釈」『正論』一九九四年一〇月号)。

ここで忘れてならないのは昭和天皇の存在である。……天皇は戦争に強く反対であり、それへの途をおし進めようとする軍人、右翼分子には明瞭に嫌悪の情を示された。……このような天皇の平和への意志は治世当初の張作霖殺害事件から始まって二・二六事件、そして太平洋戦争に至る過程における態度によく現れており、それは今日人のよく知るところとなっている。小堀氏はそのような昭和天皇の態度を間違っていたと非難されるのであろうか。

この批判は、一五年戦争を日本の自衛戦争であるとみなし、同時に昭和天皇を一貫した平和主義者であったとする小堀の立論の最も痛いところを的確に突いている。だからこそ、この能弁の復古的ナショナリストもこの点については沈黙を守る他なかったのである。

右の点に関連して、「大東亜戦争肯定論」の論者の主張には、時期や状況の違いによって明らかなブレがみられることも重要な意味を持つ。例えば、神社の全国組織で伊勢神宮を本宗とする神社本庁は、皇室至上主義の立場から改憲や靖国神社の国営化などを主張してきた右翼的勢力として知られているが、その機関紙である『神社新報』の一九八九年一月八日付号外は、「天皇陛下崩御　奉悼のことば」と題した社説を掲げ、満州事変以降の歴史過程の中で昭和天皇がとった態度を次のように説明している。

　陛下の御憂念は深く、東洋平和への大道を切望なされる聖旨は、しばしば渙発されたが、政府にも軍にも聖旨を実現し得る能力なきままに、やむなくして大東亜戦争の破局に入り、忠誠の民の非命に斃《たお》れし者、三百万。この間、至仁の聖上の御心痛いかばかりなりしか。……この惨たる悲史の迹《あと》をたどれば、輔翼の臣僚の責任は限りもなく深刻重大であった。

　ここでは、一五年戦争が天皇の意思に反した、必ずしも正当化することのできない戦争であったことは暗黙の前提であり、その文脈で輔翼の責任を果たせなかった「臣僚」の責任が問題にされている。もっとも、「神霊の大前にて同胞相ひせめぐに似たるが如き論は、大御心に対して不敬不忠とならざるかを畏《おそ》れる」として、国家指導者の責任追及は慎重に回避されているとはいえ、全面的に正当化することのできない戦争の戦争責任の問題が、まがりなりにも論じられているのである。

ところが、細川首相の一連の「侵略」発言に対する同紙の論調は、明らかに異なったニュアンスを示す。同紙一九九三年八月一三日付「主張」、「終戦記念日と細川新内閣の姿勢」では、アジア・太平洋戦争には、「東南アジアに対する進出も当面資源の確保といふ目的があったとしても、同時に『東洋の解放』といふ壮大な理想があったのだ」とされ、九月六日付「主張」、「所信表明演説を聴いて」では、「日本の植民地経営には巨額の資本投下、生産設備増強、そして教育といふ建設的な『正』の面が十分に存した」ことが強調されるなど、明らかに「大東亜戦争肯定論」的立場からの細川批判が前面に躍り出てくるようになるのである。

結局、同紙は昭和天皇の評価が問題になる時には「大東亜戦争肯定論」を退け、戦争の評価が問題となる時には、「大東亜戦争肯定論」を採用するというある種の使いわけを、恐らくは無意識のうちにしていることになる。日本の右翼的勢力の知的・思想的退嬰と言ってしまえば、それまでのことだが、ここでは、むしろ彼らが二つの歴史観の間でぎりぎりの二者択一をせまられるような厳しい情勢の下に、ダブル・スタンダードの動揺があらわになる、ごく最近の時期に至るまで置かれたことがなかったこと、その意味では「大東亜戦争肯定論」自体が微温的な環境の所産であることを重視すべきだろう。

## 「大東亜戦争肯定論」の変容

　こうして、すでに述べたような内外情勢の大きな変化の中で、旧来通りの「大東亜戦争肯定論」がそのままの形で存続しうる余地は急速に狭められてゆくことになるが、そうした中で八〇年代から九〇年代にかけて、オーソドックスな「肯定論」からの離脱と変容が進み始める。まず目につくのは、従来の「肯定論」のような戦争の「正」の側面を正面に押し出した形での戦争論がしだいに影をひそめ、むしろ、その議論が、戦争の加害性・侵略性を主張する側の正当性の根拠を問い直すといった方向にしだいに暗転していったことがあげられる。「東京裁判史観」を批判するという形での議論がそれだが、その急先鋒となった『諸君!』の誌上で東京裁判の問題がさかんに取りあげられるようになるのは、教科書検定が国際問題化した翌年の八三年に入ってからのことであり、同誌の一九八三年一二月号には、志水速雄の「東京裁判史観の呪縛を排す」という印象的な表題の論文が掲載されている。

　しかし、この「東京裁判史観批判論」にも、やはり大きな問題がはらまれている。歴史家の荒井信一は、「とくに大衆政治の時代には、大衆にはっきり分るように敵の姿を描きだすことが必要となる。そのためには敵についての分りやすいステレオタイプ(紋切り型)をつくりだし、そこに大衆の敵対感情を誘導してゆくことが行われる」として、そのようなステレオタイプ化された政治用語の一つの典型として「東京裁判史観」という言い方をあげている(「東京裁判史観とは何か」『歴史地理教育』一九九四年九月号)。

確かに荒井がいうように、「東京裁判史観」という用語自体に色濃い政治性がまとわりついていることは否定できない。そして、そのことの直接の結果として、「東京裁判史観」という言い方には厳密な学問的定義が存在せず、東京裁判の判決をそのまま受け入れ、日本を侵略者として一方的に断罪する自虐的な歴史観、といったはなはだ漠然としたイメージが論者の間で共有されているにすぎない。

しかし、東京裁判の判決を支える歴史観はそれほど単純なものでは決してない。もちろん、判決では一五年戦争は日本の侵略戦争であると認定され、その時期の日本の国家指導者に有罪の判決がくだされてはいるが、侵略戦争の責任は主として軍部、特に陸軍にあったとされ、いわゆる「穏健派」や天皇には戦争責任がないという立場に判決は立っている。つまり、判決を絶対視する歴史観を「東京裁判史観」というのなら、天皇には戦争責任がないという議論自体が「東京裁判史観」ということになってしまう。ところが実際には、「東京裁判史観」の克服を主張する論者は、天皇の戦争責任を否定する論者とほとんど重なりあっているのである。

同時に、「東京裁判史観批判論」は、八〇年代に入ってからの東京裁判研究の急速な進展を全く無視する所に成り立っている。特に粟屋憲太郎を中心にした研究は、アメリカ側の政治的な思惑などによって、日本の戦争責任や戦争犯罪の重要な部分が意図的に免責されたこと、日本の保守勢力も水面下でこの裁判に協力し、戦争責任のすべてを軍部、特に陸軍に押しつける方向で動いたこと、その限りではこの裁判は日米の「合作劇」としての側面を有していることなどを精力的に明らかにしてきた。代表的研究としては、粟屋の「東京裁判への道」(『朝日ジャーナル』一九八四年一〇月一二日号〜八五年四月一二日号)をあげることができるが、それにもかかわらず、「東京裁判史観」の克服を主張する論者たちは、「アメリカ対日本」という単純で硬直した対立の図式から一歩も出ず、相かわらず裁判の不当性だけを声高に言いたてているのである。

変容をとげつつある「大東亜戦争肯定論」の二つ目の型は、「戦争の両義的性格」論である。主として「肯定論」の系譜をひく論者たちによってまとめられた現代アジア研究会編『世紀末から見た大東亜戦争』(プレジデント社、一九九一年)は、その巻頭論文「大東亜戦争五十年」(岡本幸治執筆)の中で、「大東亜戦争」の「両義的性格」について次のように論じている。

しかし、この戦争が支那事変を含むことからわかるように、アジア主義とのかかわりは屈折していた。アジア主義の観点からすれば協調し連携すべき相手と戦火を交えるという構図の中に、この戦争が、アジアに対する覇権の確立という性格を有していたことが現れている。解放と覇権――この両義的性格は、アジア主義と欧化主義の相克と混在の中で近代化路線を歩まなければならなかった、アジア最初の近代国家の抱えた、困難な課題を示すものである。

全面的な「肯定論」からは離脱しつつ、しかし、その一方で依然として「解放」の側面を評価しようとする点にこの議論の最大の特徴があるが、やはり「解放」の側面を恣意的に拡大解釈しているという印象は否めない。なぜなら、岡本はアジアの大国、中国との間の戦争を継続しながら「解放」を唱えることの矛盾を認めてはいるが、植民地大国として朝鮮・台湾を保有しながら欧米の植民地支配からの「解放」を唱えることの欺瞞性については何ら言及していないからである。

同時に、注目すべきことは、右の『世紀末から見た大東亜戦争』の全体の論調がよく示しているように、「戦争の両義的性格」論が、「謀略戦争論」に傾斜してゆく明らかな傾向性を持っていることである。ここでいう「謀略戦争論」とは、日本が必ずしも正当化することのできない戦争の方向に向かわざるをえなかったのは、コミンテルンや中国共産党、あるいは、ルーズベルト米大統領の陰謀によるものであり、日本はいわば、そうした方向に仕向けられていったとするような見方である。

歴史研究者の側からいえば、このような説はあまりにイデオロギー過剰な歴史解釈という他ないが、『毎日新聞』一九九四年一二月八日付の社説「歴史の教訓を生かせ」が指摘しているように、仮にそのような謀略説が成り立ったとしても、「陰謀に引っかかるような判断力と、情報収集力しか日本側になかったことこそ問題である」。

このことは、「謀略戦争論」の立場に立つ論者の間でも、それなりに理解されている。日本遺族会や神社本庁などによって構成されている「英霊にこたえる会」が、一九九四年三月二七日付の『産経新聞』にのせた意見広告「日本は侵略国ではありません！」は明らかに「謀略戦争論」の立場に立ったものだが、その中にきわめて印象的な次の一節がある。

古来から謀略は戦の常であり、わが国に戦争責任があるとするならば、国家・国民に対して時の為政者が、その策略を見抜けなかった道義上の責任が問われることではないのでしょうか。

従来、一五年戦争の侵略性を否定する側の論者は、国家指導者の国民に対する責任の問題を事実上、黙殺してきたが、「両義的性格論」や「謀略戦争論」に後退した段階で、あらためて指導者の責任問題が浮上してこざるをえないという皮肉な構図が、そこには明瞭に現れている。

変容をとげつつある「大東亜戦争肯定論」の三つ目の型は、「日米同罪論」である。その典型は、第一章でもとりあげた石原慎太郎自民党議員の議論だが、同議員は九三年一〇月五日の衆院予算委員会で、日米間の戦争は「やくざ同士の縄張り争い」であり、日本はアメリカに対して戦争責任を負ういわれはないとして細川首相を追及したのである。石原の場合ほど極端なものではないにせよ、同種の感覚は、日本人の中にかなり広範囲に存在する。九一年一一月にNHKがアメリカのABCと共同で実施した世論調査によれば、日本の場合、「太平洋戦争について、どちらの方に責任があると思いますか」との問いに対する回答は、「どちらにも責任がある」＝五六％、「日本」＝三〇％、「わからない・無回答」＝九％、「アメリカ」＝四％、「どちらにも責任はない」＝一％、という順位になっている(辻知広・秋山登代子「日米開戦から五〇年」『放送研究と調査』一九九二年二月号)。なお、アメリカ側の調査では、「日本」＝五五％、「どちらにも責任がある」＝三五％、「わからない・無回答」＝六％、「アメリカ」＝四％、「どちらにも責任はない」＝〇％である。

しかし、この「日米同罪論」にも歴史認識の上でのはっきりとした歪みがみられる。まず指摘することができるのは、それが日本人の歴史的視野を日米関係という狭い枠組みの中に押しこめてしまうという点である。このことについては、第一章で中国問題と関連させながら少し詳しく述べておいたので、ここでは、こうした「同罪論」が、日本の主要な交戦相手の一つであったイギリスの存在すら視野の外に押しやる機能を持っていることを強調しておきたい。

この点については未だに日本人の間に誤解があるが、アジア・太平洋戦争は、四一年一二月八日の午前二時すぎに日本軍が英領マレー半島への上陸を開始することによって始まったのであり、それは真珠湾への空爆が開始される一時間ほど前の出来事だった。日米間の場合には、事前の外交交渉が存在し、日本政府は戦闘開始後になったとはいえ交渉打ち切りの通告をともかくも行なった。ところが、日英間の場合には外交交渉すらないままに、いきなり奇襲上陸を開始したのだから、国際法上の違法性という面では、こちらの方がより深刻な問題をはらんでいた。そもそも、日本陸軍にとって、アジア・太平洋戦争は、何よりも東南アジアにおけるイギリスの植民地を奪取するための戦争であり、それが日米戦争を誘発したという側面を持っていた。その意味では、対英戦は、アジア・太平洋戦争の全体の構造の中でも重要な位置を占めていたのである。

なお、念のためにつけ加えておくならば、駐米日本大使館によってアメリカ側に手交されたのは、日米交渉の打ち切り通告であって、開戦の通告ではない。したがって、仮にこれが真珠湾への攻撃開始前にアメリカ側に手交されたとしても、「だまし討ち」の非難は免れない。なぜなら、日本も調印した一九〇七年の「開戦ニ関スル条約」は、「理由ヲ附シタル開戦宣言ノ形式又ハ条件附開戦宣言ヲ含ム最後通牒ノ形式ヲ有スル明瞭且事前ノ通告ナクシテ」戦争を開始することを禁じており、日米交渉の打ち切り通告は、この要件を明らかに満たしていなかったからである。この点については日本側でも認識されており、日本の国際法学界を代表する研究者であった立作太郎《たち》、鹿島守之助の「戦争開始の際の敵対行為に関する研究報告」も、この日米交渉の打ち切り通告について、「独立行動又は戦闘的行動を行ふべき旨の予告を与へたものでないから、開戦宣言として認むることに付き困難を感ぜざるを得ない」と結論づけていたのである(外務省条約局第二課『大東亜戦争関係国際法問題論叢』、一九四二年)。

話が少し脇道に入ったが、「日米同罪論」のもう一つの問題点は、それが第一次世界大戦後の国際社会の大勢を無視していることである。確かに日米間の戦争には、東南アジアの植民地をめぐる帝国主義的な争覇戦としての側面、石原のいう「やくざ同士の縄張り争い」としての側面があった。しかし、石原の卓抜なたとえを援用するならば、やくざの世界にもやくざの世界の掟があったことを知るべきだろう。一つ目の掟は武力による「縄張り荒らし」は認めないというものである。周知のように、第一次世界大戦後、国際法の領域では戦争の違法化が進み、国際紛争を解決する手段としての戦争という考え方は基本的には否定された。その結果、二八年八月には日本を含めた一五カ国の間で戦争の放棄をうたった不戦条約が調印されることになる。関係国が自衛戦争の権利を留保するなどの問題点を残しつつも、同条約への加盟国は最終的には六三カ国に達し、文字通り国際社会の掟となったのである。

二つ目の掟は、「しろうと衆」(非帝国主義国)には無闇に手を出さないという掟である。例えば、二二年二月に、米・英・仏・日など九カ国の間で調印された九カ国条約がそれだが、同条約は中国の主権や領土の尊重を関係各国に義務づけていたのである。満州事変以降の日本の一連の軍事行動は、こうした掟の公然たる蹂躙であり、だからこそ日本は、すべての「しろうと衆」を敵にまわしただけでなく、やくざの世界においてさえ横紙破りの「極道」となったのだった。

以上のように、この時期にオーソドックスな形での「大東亜戦争肯定論」は明らかに退潮に向かい、その系譜をひく論者の間でも、それが少なくとも正当化することのできない側面を持つ戦争であったという事実は暗黙の前提となりつつある。しかし、日本人の中に戦争の侵略性や加害性を認めたくないという心情が残り続ける限りは、こうした再編された形での「大東亜戦争肯定論」もまた生きのび続けることになるだろう。そして、その場合に、「肯定論」の最後の堡塁は、恐らく、勝田吉太郎が主張しているような「大東亜戦争とコミンテルン」、前掲『世紀末から見た大東亜戦争』）、あの戦争が結果としてアジア諸国の独立に貢献したとする「結果としての独立貢献」論になるものと思われる。

## 主流としての政治主義的・現実主義的戦争観

敗戦五〇年をめぐる状況の中でもう一つ指摘することができるのは、政治主義的で現実主義的な戦争観が主流の位置を占めつつあるということである。政治のレベルでいえば、戦争の全体の性格を「侵略戦争」であると認めることは頑なに拒否しつつ、対外的配慮から「侵略的行為」があったことだけは認めた上で、これに対する「反省」を再三にわたって言明するような立場、あるいはアジア諸国からの補償要求は拒否しつつ、慰安婦であった女性たちに対する見舞金構想のように、何らかの政策的措置を講じようとするような立場がそれである。一九九四年六月には、自民・社会・さきがけ三党の連立内閣として、社会党首班の村山富市内閣が成立する。同内閣は、社会党が「侵略戦争論」を放棄し、自民党が「侵略的行為論」に歩みよることで成立している点で、右のような時代状況を象徴する存在だといえるだろう。

事実、一九九五年六月九日の衆院本会議で与党三党の賛成で採択された「歴史を教訓に平和への決意を新たにする決議」には、「世界の近代史上における数々の植民地支配や侵略的行為に思いをいたし、我が国が過去に行ったこうした行為や他国民とくにアジアの諸国民に与えた苦痛を認識し、深い反省の念を表明する」と述べられている。そこでは、「侵略戦争」という表現を慎重に回避しつつ、他の国々による「植民地支配や侵略的行為」を暗に示唆することによって、日本の戦争責任の相対化がはかられているのである。

村山首相自身は、同年八月一五日に発表した「戦後五十年に当たっての首相談話」の中で、「遠くない過去の一時期、国策を誤り、戦争への道を歩んで国民を存亡の危機に陥れ、植民地支配と侵略によって、多くの国々、とりわけアジアの諸国の人々に対して多大の損害と苦痛を与えた」という形で、より踏みこんだ表現を用いたものの、戦後処理に関する村山内閣の施策が、細川連立内閣以降の政策転換の延長線上にあることは否定できない。

ただ、国民意識のレベルでいえば、もう少し事態は複雑である。なぜなら一方では、八〇年代に入ってから戦争の侵略性や加害性を認める人々が急速に増大しているような状況があり、そのことは、被害者としての自己認識が強かった日本人の戦争観にもある変化をもたらしつつあるようにみえるからである。例えば、九一年八月六日の原爆記念日の広島平和宣言では、市民団体の強い要望もあって、アジア・太平洋地域の人々に対する日本の加害責任の問題に初めて言及され、翌九二年八月九日の長崎平和宣言でも、侵略戦争に対する反省と償いの必要性が述べられる、というような新たな事態は、この間の変化をよく物語っている。

また、被爆者の全国組織である日本原水爆被害者団体協議会が九〇年に発行した小冊子『被爆者援護法二〇問二〇答』でも、「日本は太平洋戦争の加害者だったのだから、被爆者が被害だけを言い立てるのは一方的なのではないでしょうか?」との問いがたてられ、これに対して、「日本がふたたび加害国にならないよう防ぐことは、私たち日本国民がふたたび戦争の被害者にならないようにすることでもあります。……被爆者の運動は、原爆被害に対する国の責任を問い、原爆被害への国家補償を土台として、日本をふたたび加害国、核戦争加害国にしないための運動なのです」という答えが与えられている。ここでは、いわば日本人の被害者としての側面を代表する存在である被団協が、加害の問題をも視野に入れた理論構築を行なおうとしている点が注目される。

しかし、このような変化にもかかわらず、日本人の戦争観にある種の「あやうさ」がはらまれていることも否定できない。表23は、NHKが八〇年代から九〇年代にかけて実施した三つの世論調査の結果を比較したものである。侵略戦争認識を持つ人々が五割前後存在する一方で、やむをえない戦争と考える人も減少しつつあるとはいえ、三割から四割に達し、侵略戦争認識とやむをえない戦争という認識が共存していること、その反面で、侵

**表 23　日本人の侵略戦争認識**(NHK 調査)

1982 年 10 月調査＝全国 16 歳以上の国民 3600 人を対象(回収率 72.9%), 1987 年 10 月調査＝同上(回収率 69.4%), 1994 年 12 月調査＝全国 20 歳以上の国民 1800 人を対象(回収率 64.2%)

| | 1982年10月調査 | 1987年10月調査 | 1994年12月調査* |
|---|---|---|---|
| 「日清戦争から太平洋戦争までの 50 年の日本の歴史は, アジア近隣諸国に対する侵略の歴史だ」と考える人の割合 | 51% | 48% | 52% |
| 「資源の少ない貧しい日本が他国に軍事進出して行ったのは, 生きるためのやむを得ない行為だった」と考える人の割合 | 45 | 40 | 32 |
| 「侵略の歴史」であり,「やむを得ない行為」ではないと考える人の割合 | 27 | 26 | 27 |

＊1994 年 12 月調査の設問は,「『太平洋戦争は, アジアの国々に対する日本の侵略戦争だった』という見方があります. あなたは, そう思いますか. それとも, そうは思いませんか」,「『太平洋戦争は, 資源の少ない日本が生きるために, やむをえないものだった』という見方があります. あなたは, そう思いますか. それとも, そうは思いませんか」.

(秋山登代子「日本人の平和観」『放送研究と調査』1983 年 4 月号, 秋山登代子・天野千春「日本人の国際意識」同上 1988 年 5 月号, 門田允宏「戦後 50 年・日本とアジア」同上 1995 年 4 月号)

略戦争であることを認め、なおかつ、やむをえない戦争という考え方を否定する人は全体の四分の一にとどまっており、この構図が八〇年代から九〇年代にかけて少しも変わっていないことがわかる。

いうまでもなく、やむをえない戦争という認識からは、本当の意味での「責任」という観念は生まれない。せいぜいそこで問題になるのは、「結果」に対する「謝罪」と「償い」だけである。同時に、やむをえない戦争という判断は、歴史に対する一種の思考停止を意味しており、そこからは近代日本の対アジア政策を批判的かつ内省的に再検討しようという発想は生まれようもないのである。

同時に、社会的にも一五年戦争の問題が大きな関心をよびつつある中で、「歴史からの逃避」とでもよぶべき現象が急速に拡大しつつあることも見逃せない。このような現象は、日本の戦記の敬遠という形で、七〇年代に入った頃からしだいに顕在化していた。

七一年から刊行が始まったサンケイ新聞社の『第二次世界大戦ブックス』は、米バランタイン社の第二次世界大戦戦記シリーズの日本語版だが、このシリーズの爆発的な売れゆきについて、同社出版局の編集者は、次のように語っている(松浦総三「戦記ブームの背景」『出版ニュース』一九七二年二月下旬号)。

このシリーズが太平洋戦争ものだけだったら、こんなに成功しなかったでしょう。

ドイツの兵器や航空機に意外な人気があつまりました。なぜ、ドイツに人気があったかというと、太平洋戦争で四つに組んだのがガダルカナル島ぐらいのもの。ところがドイツはいたるところで英米連合軍と四つに組んで戦っています。そしてヨーロッパ戦は太平洋戦よりずっとスケールがおおきいのです。……戦争を知らない若い人には欧州戦のほうが面白いのでしょうね。

日米間の戦力格差があまりに圧倒的で惨憺たる敗北に終わった太平洋戦域の戦記は、読者の好むところとならないという訳である。このことは、八〇年代に入ってから登場するファミコンの戦争ゲームの場合にも完全にあてはまるようだ。山下恒男『テレビゲームから見る世界』（ジャストシステム、一九九五年）によれば、第二次世界大戦を題材にした戦争ゲームの中で多いのは、やはり連合軍とドイツ軍の戦闘を取り扱ったものだという。

さらに、八〇年代から九〇年代にかけての時期になると、出版物の世界でもアジア・太平洋戦争を題材にした架空戦記、あるいはシミュレーション戦記が登場し、大きなブームをよぶようになる。その「はしり」は檜山良昭『日本本土決戦』（光文社、一九八一年）だが、九一年に刊行が始まった荒巻義雄の『紺碧の艦隊』シリーズ（徳間書店）が二〇〇万部をこえる一大ベストセラーになることによって、新しいジャンルの小説としてマスコミでも注目をあびるようになった。その内容は、架空の新兵器を登場させることによって劣勢の戦局を挽回したり、様々な「イフ」を設定することによって実際の戦局の展開とは異なるもう一つのアジア・太平洋戦争史を再現してみせるというものだが、スタジオ・ハード編『架空戦記スペシャルガイド』(光栄、一九九五年)によれば、「現在、架空戦記のタイトルは第二次大戦を中心に扱ったものだけで百五十タイトルを超え、二百五十冊以上もの巻数に達する」という。

檜山の場合にしろ、荒巻の場合にしろ、その背後にある歴史観そのものは、一見、現代的な装いをこらしているとはいえ、明らかに「東京裁判史観批判論」的なものであり、その意味では全く何の新味もない。ただ、ここで注意を払う必要があるのは、彼らが現実の歴史から離れた所で日本人の歴史観や歴史意識の見直しをはかろうとしていることである。この点について、檜山は、自分の作品について、「戦争反対とだけ言う戦後のいわゆる進歩的文化人への反発、挑発的な意味もあった。エンターテインメントの形を借りて、全部日本が悪かった式の東京裁判史観も見直したかった」と発言しているし(『産経新聞』一九九三年四月一五日付夕刊)、荒巻も雑誌インタビューの中で次のように述べている(『スコラ』一九九三年一月一四日号)。インタビュアーと荒巻の発言の区別が判然としないわかりづらい記事だが、荒巻の問題意識だけは、はっきりと伝わってくる。

最近思うのですが、この作品では日本人という民族の精神分析をやっている気がしますね。戦争中日本人はアジアで残虐行為をしてきましたね。その原罪意識の洗い直しをしているのかな。

戦略的には逆転の発想ですよね、つまり、当時日本がやったことを逆にしちゃう。捕虜は返しちゃう、大陸からは引き揚げるとか、もともと負けるつもりで戦争しちゃうとかね。

確かに、荒巻の作品に登場する日本軍は、鼻白むほど「軍紀厳正」で戦争犯罪などとは全く無縁の存在であり、アジア諸国の独立のために戦う「解放軍」である。つまり、そうした空想の世界に身を置くことによって、「自虐的」な歴史観からの脱却がはかられていることになる。

ただ、ここでは、「架空戦記」の「大御所」である檜山と荒巻の間にある相違を無視すべきではないかもしれない。檜山はマニア雑誌のインタビュー記事の中で、現実には存在しない兵器が決定的に重要な位置を占める「架空戦記」と、「現実にあったものを土台にして、その中の決定的かつ重要なエーメントが変化したときに、その後の歴史の展開はどうなるだろうか、ということを想像していく」という手法をとる「シミュレーション戦記」とは全く異なるものであり、自分自身は後者の立場に立つことを強調している。檜山によれば、「戦争を書くからには、戦争の現実を書くべき」であり、リアリティを喪失した戦争描写は、むしろ危険だということになる(『スーパー・シミュレーション大冒険王　奇想艦隊』、一九九三年春季号)。確かに檜山の作品には必ずといっていいほど凄惨な戦闘シーンが書きこまれているし、日本軍兵士によるレイプシーンなども登場する。

これに対して、荒巻の作品には、そうした意味での最小限のリアリティすら完全に欠落している。作品としての完成度も、率直にいって檜山に比較すれば格段におとる。その意味では、戦争観の問題としてとらえ直した時、荒巻の作品の方により大きな問題点がはらまれているといえるだろう。

しばしば指摘されているように、こうした架空戦記ブームの背景にあるのは、ファミコンのシミュレーションゲームのマニアで、ゲーム感覚で戦記を読む若い世代の読者層の存在である。だが、それと同時に、戦争犯罪や戦争責任という重苦しい現実から少しでも眼をそらしたいという微妙な国民心理が存在することも無視することはできないと思う。六〇年代に登場した「大東亜戦争肯定論」は、過去の侵略の歴史を正面から否定するという意味で、いわば「歴史の否定」という性格を持っていた。それに対して、そうした形での過去の否定が著しく困難となった状況の下で、一種の「逃げ場」としての役割を与えられているのが、この架空戦記ではないだろうか。

ちなみに、九五年三月四日付の『ニューヨーク・タイムズ』は、日本の架空戦記ブーム

THE NEW YORK TIMES INTERNATIONAL SATURDAY, MARCH 4, 1995

Japanese Refight War in Pulp Fiction



"Deep Blue Fleet: Fatal Outbreak of War" is part of a series of popular Japanese what-if novels about World War II.

The Battle of Seattle: Zeros vs. P-39's and Yamamoto's Victory

『ニューヨーク・タイムズ』1995年3月4日付

について特集記事を掲載している。この興味深い記事は、従来の日本の戦争文学が反戦感情を基礎においていたのに対し、架空戦記は戦闘をエンターテインメントの形式でえがいており、その意味では日本社会の中の平和主義的な「長い間のタブー」がくずれつつあることを指摘している。

日本人の戦争観の中にはらまれるある種の「あやうさ」を示すもう一つの事例は、先にもふれたアジア・太平洋戦争を題材にしたファミコンの戦争シミュレーションゲームの流行であり、そこにおける歴史に対する痛覚の欠如という問題である。例えば、シミュレーションゲームの大手ソフトメーカー「光栄」が八九年に発売したヒット商品「提督の決断」には、「強制労働」を実行すると「基地の耐久度」などが上がり、「慰労」を選ぶと、水兵が女性の肩を抱いて消え、その後、兵士の元気が回復するといった、あたかも強制連行や慰安婦を思わせるような場面が登場する。このため、市民グループやマニアの中からも批判の声があげられたが(『朝日新聞』一九九四年六月一一日付夕刊)、最初にこのゲームを問題にしたゲームライターの竹中亮平は、このゲームの本質を、「〔過去の現実の戦争を〕ゲームにするということは、日本人が自らの侵略の歴史をあろうことに〝遊びの対象〟として捉えている(または許容している)ということである。これは『ゲームだから許される』のではなく、正しくは『ゲームだからこそ許されない』のではないか」と痛烈に指摘している(「光栄『提督の決断』全批判!」『ゲーム必勝ガイド』第二号、一九九四年)。

同時に、竹中が批判するような自国の侵略の歴史に対する痛覚の欠如は、他国民の痛みに対する傲慢なまでの無神経さを生み出す。日本テレビの〝天才・たけしの元気が出るテレビ〟で、ナチス時代の強制収容所を舞台にした収容所ゲームが放映されるのを見たドイツ人のイルメラ・日地谷・キルシュネライトは、「全身の毛が逆立つほどの衝撃を受けた」として、次のような文章を新聞に投稿している(『朝日新聞』一九八六年七月二九日付)。

ユーモアとはもちろん趣味や好みの問題ですが、やはり限界があります。すべてが娯楽番組の材料に適しているわけではなく、話してはならないものもあるはずです。他の国々の歴史を材料にして、このように楽しむのは、すでに好みの問題ではなく、社会的倫理観の問題です。……その番組を見ながら、もう一つのことが私の頭をかすめました。他の民族の歴史をこのように扱う国は、自分たちの歴史をもまじめに取らず、それを忘れようとしたり、曲解したり、またタブー化、美化したりするのではと。もし自分たちと他国の歴史と、心から真剣に取り組んでいるのなら、おそらく〝強制収容所ゲーム〟も、いわゆる〝教科書問題〟も無いはずです。

さらに、以上のような傾向に拍車をかけているのは、日本の場合、本格的な戦後処理がなされないままに、長い間、戦争責任の問題が事実上のタブーとなってきたために、戦争の時代の正確な歴史的事実すら、若い世代に伝えられていないという現実が存在することである。九四年一一月に、博報堂が一五～四九歳の戦後生まれの人間、四〇〇〇人を対象にして都内で実施した街頭調査「戦後五〇年の常識」は、三〇の小文を示してその叙述内容の正否を被調査者に聞いているが、戦争の史実にかかわる印象的な小文とその正答率を摘記してみると次のようになる。いささか愕然とさせられる結果だが、文中の「その戦争」とは、すべてアジア・太平洋戦争のことをさしている(『生活新聞』第二一〇号、一九九五年)。

「戦後の混乱を治めるために、治安維持法が作られた」＝五八・三％
「その戦争での死者は日本の軍人、民間人をあわせて二四万人にのぼった」＝六〇・八％
「ひめゆりの塔は、平和を祈って、広島に建てられた」＝七五・三％
「その戦争で、ドイツは、日本の味方だった」＝七五・八％
「その戦争で、沖縄は実際の戦場になった」＝七六・八％
「その戦争の時、日本軍の一部は、中国にいた」＝八二・〇％
「その戦争で、アメリカは、日本の味方だった」＝九一・〇％

こうした諸々の事実を見てみると、現在、日本社会の中で進行している「変化」は、必ずしも歴史観や歴史意識そのものの本質的転換に支えられているものではないと考えざるをえない。

## 国民に対する責任の曖昧化

八〇年代に入ってから戦争責任問題をめぐるダブル・スタンダードが大きく動揺し、日本国家と日本人の戦争責任や加害責任の問題が様々なレベルでクローズ・アップされてくるようになったことは、すでに述べた通りである。しかし、対外的には必要最小限度の戦争責任を認めた上で、国内的には戦争責任問題を完全に棚上げにするというこのダブル・スタンダードは、その必然的な結果として、国家指導者あるいは国家の国民に対する責任をも曖昧にする機能を持った。そして、この国民に対する責任の問題という観点からするならば、「変化」の時代であった八〇年代においてさえ、日本政府は従来の姿勢を頑なに守り続けたことに注目する必要があるだろう。

そのことをよく示しているのは、八〇年一二月に厚生大臣の私的諮問機関である原爆被爆者対策基本問題懇談会が鈴木善幸内閣の園田直厚相に提出した意見書「原爆被爆者対策の基本理念及び基本的在り方について」である。戦争の遂行主体であった政府の責任を認めた上で被爆者に対する国家補償を行なうという考え方そのものを正面から否定したこの報告書を盾にとって、その後、政府は被爆者援護法の制定を拒み続けることになるが、その背景には、「戦争受忍論」とでもよぶべき思想が横たわっていた(石田忠『原爆被害者援護法』未来社、一九八六年)。報告書の中の象徴的な一節を次に引用する。

　およそ戦争という国の存続をかけての非常事態のもとにおいては、国民がその生命・身体・財産等について、その戦争によって何らかの犠牲を余儀なくされたとしても、それは、国をあげての戦争による「一般の犠牲」として、すべての国民がひとしく受忍しなければならないところであって、政治論として、国の戦争責任等を云々するのはともかく、法律論として、開戦、講和というような、いわゆる政治行為(統治行為)について、国の不法行為責任など法律上の責任を追及し、その法律的救済を求める途は開かれていないというほかはない。

さらに、八四年一二月には、総理府総務長官の私的諮問機関として発足した戦後処理問題懇談会が、「戦後処理問題懇談会報告」を中曽根内閣の藤波孝生官房長官に提出している。ここでいう「戦後処理」とは日本人の戦争被害に対する広義の補償問題をさすが、すでに、これに関しては、六七年六月二七日の記者会見で、佐藤栄作内閣の塚原俊郎総理府総務長官が、外地からの引揚者に交付金を支給することを決めたことで「戦後処理は終った」と発言しており、政府としてはすでに解決済みとの態度をとってきた。しかし、自民党議員の中にも、シベリア抑留者への補償や軍人恩給欠格者の救済を求める強い動きがあったため、八二年六月にこの戦後処理問題懇談会が設置されることになった。

ところが、同懇談会の右の報告書は、「戦後処理」を次のように定義した上で、「もはやこれ以上国において措置すべきものはない」と結論づけたのである。

およそ戦争は、国民全てに対し何らかの損害を与えるものであり、全国民がその意味で戦争被害者といえるものであるが、その中で、戦後処理問題とは、戦争損害を国民の納得を得られる程度において公平化するため国がいかなる措置をとるかという問題である。

つまり、戦争被害は、「国民がそれぞれの立場で受けとめなければならな」い性格のものであり、一般国民の「被った損害と比較し特別であったと考えられる限りにおいて」、「他の戦争犠牲者との間の衡平という観点」に留意しながら何らかの政策的措置が行なわれるべきだ、というのがこの報告書の基本的立場だった。欧米諸国の場合と違って、民間人の戦争被害にも補償を行なうことを原則とした包括的な戦争被害補償法が日本に存在しないのは、このような「戦争受忍論」が支配的原理として、なお社会の中で機能しているからだといえよう。九四年一二月に村山内閣の下で成立した被爆者援護法も、国家補償の精神に立ちきれていない点で、基本的には「受忍論」の枠の中にある。

なお、自らも被爆者であり、戦後長い間、反核運動にかかわってきた岩松繁俊は、「〔日本人は〕戦争の被害に苦しみながら、それでもなお、被害者としての意識が薄弱である。被害者としての意識が薄弱であるからこそ、加害者としての意識と認識も薄弱なのである」とした上で「被害者としての意識の薄弱が加害者としての意識と認識の薄弱さをうむというパラドクシカルな」関係が日本社会の中で成立していることを強調しているが（『反核と戦争責任』三一書房、一九八二年）、「受忍論」の日本社会による受容は、岩松の指摘をまさに裏づけている。

もちろん、日本人の戦争被害について何の補償も行なわれてこなかった訳では決してない。五二年に制定された戦傷病者戦没者遺族等援護法に基づく補償などがそれだが、同法は軍人、軍属など軍務を通じて国家と公務員関係にあった者に対する国家補償の精神に立った災害補償法であり、政府はその適用範囲を政策的に拡大解釈することによって、国民の補償要求に一部こたえてきた。しかし、国家との公的な身分関係の存在を前提とする以上、同法の適用には自ら大きな限界があり、その結果、空襲の被災者、沖縄県民の戦争被害、原子爆弾の被爆者、治安維持法による政治弾圧の犠牲者など、多くの日本人の戦争被害が、国家による補償のないままに放置されてきたのである（日本弁護士連合会編『日本の戦後補償』明石書店、一九九四年）。

また、包括的な戦争被害補償法が存在しないという状況の下で、主として政治的配慮から補償にかわる措置を講じてきたことの直接的な結果として、日本遺族会など政権党の自民党に圧力団体として影響力を行使できる被害者団体が主として政治的配慮の恩恵に浴するという傾向が生じたのも否定できない。このことに関しては、引揚者の在外財産の補償問題に関連して、すでに三〇年近くも前に憲法学者の佐藤功が次のように指摘していた（『朝日新聞』一九六七年二月二二日付）。

この戦後処理の問題について、わが国の場合は、たとえば西ドイツやイタリアの場合などに比較して、きわめて散発的で、また部分的な対症療法的でしかなかった。……そして、このように戦後処理が散発的にしか行われていない結果として、ややもすれば、これらの広い意味での戦争被害者のなかで強力な組織をもついわゆる圧力団体が強い部分だけが措置され、強力な圧力団体をもたない部分は置去りになるということにもなりかねない。

その後の現実の展開は、まさに佐藤が危惧した通りになったといえよう。

このようにみてくると、敗戦五〇年をめぐる日本政治の状況を肯定的にとらえることはむずかしい。むしろ、政治家のレベルについて言えば、従来の政策の抜本的見直しのないままに、諸外国の厳しい対日批判を強く意識しながら、「反省」という最小限度の対外的形式だけが整えられつつあるとさえいえるだろう。そして、それは歴史観の根本的転換を欠いた政治主義的・現実主義的戦争観に支えられているにすぎないため、「タカ派」からの突きあげによって、たえず「大東亜戦争肯定論」的戦争観に揺りもどされる傾向性を持っている。先に述べたように、九五年六月九日の衆議院本会議は「歴史を教訓に平和への決意を新たにする決議」を可決したが、細川内閣以降の各内閣が言明してきた「侵略的行為」と「植民地支配」に対する反省の文言をおりこむことにさえ与野党内に強い抵抗があり、与党側からも約七〇名の本会議欠席者が出た事実は、そのことをよく示している。

## まとめにかえて

最後に、今までに取りあげることのできなかった論点にも多少言及しながら、戦後の日本社会の中で戦争の侵略性や加害性がなぜ充分意識されてこなかったのかという問題を中心にして、簡単なまとめを行なっておきたい。結局、本書の中で追究してきた最大のテーマは、戦後の日本人の戦争観を規定してきた歴史的要因は何かということになるが、この点に関しては、まず、一五年戦争のあり方やその終結の仕方にかかわる諸要因を指摘することができる。

第一に、日本の場合には、一五年戦争、とりわけ日中戦争以降の戦時体制の強化が、国民生活の窮乏化と平行しながら進んだことがあげられる。これは限られた国力・経済力の下で軍需生産を急速に拡充してゆくために、国民生活を犠牲にする政策が意図的にとられたことの必然的な結果だった。この点は、時には軍需をある程度犠牲にしてでも民需を確保する政策がとられたため、国民の生活水準の低下は日本と比べてゆるやかな形をとったドイツの場合や、戦時体制への移行に伴う軍需生産の本格化によって国民総生産が急激に膨張し、国民生活も不況の三〇年代に比べて目に見えて改善されたアメリカの場合と比較して、あざやかな対照をなしている。戦中派の日本人の間には、あの戦争の時代を、「ものの」のない「暗い」時代としてだけ回顧する傾向が根強いが、その背景には、こうした歴史的事情が存在したのである。

第二には、独自の政治勢力と化した巨大な軍部が存在し、それが直接の推進力となって、相次ぐ対外戦争の遂行とそれに伴う戦時体制の強化が行なわれたことである。その結果、戦後の日本社会の中で、一五年戦争の時代は主として「軍部独裁」の時代として観念され、官僚や宮中グループ、あるいは政党、財界、マスコミなどの軍部以外の諸勢力の戦争への同調や協力の問題は、事実上、不問に付されることになった。また、戦後処理の過程で、東京裁判に象徴されるように戦争責任のすべてを軍部、特に陸軍に押しつけるような形での過去の清算がなされたことも、こうした傾向に拍車をかけたといえるだろう。

第三には、日中戦争の直接の延長線上にアジア・太平洋戦争が発生したこと、言葉をかえていえば、日中戦争との切れ目がないままに新たな大戦争に突入し、その戦争で直接的にはアメリカの巨大な軍事力によって、日本の戦力の根幹部分が破壊されるという形をとって一五年戦争が終結したことである。このため、日本独力では中国を屈伏させることができなかったという歴史的事実や、中国の抗戦に象徴されるアジア地域のナショナリズムが日本を敗北に追いこむ上で果たした積極的な役割は、ともすれば忘れさられ、総じていえば、アジアの民族主義に対する無理解が生じた。

第四には、台湾・朝鮮という植民地の喪失が、敗戦の結果、いわば自動的に実現したことである。そのことは、欧米諸国のように植民地の国々との間の血みどろの闘争の果てに、植民地の放棄をよぎなくされた場合と違って、植民地主義的な思考様式の清算という深刻な問題が深く自覚されることなしに、戦後の「民主化」が開始されたことを意味していた。この点について外交史家の有賀貞は、「日本人が日本帝国主義の悪事を強く意識しない一つの理由は、日本が太平洋戦争での敗北によって植民地を一挙に失ったという事実のためであ」り、「日本は太平洋戦争での敗北によって、反植民地闘争に直面しながらの苦痛に満ちた非植民地化を経験することを免れた」と鋭く指摘している(「日米関係における太平洋戦争」、細谷千博ほか編『太平洋戦争』東京大学出版会、一九九三年)。

日本人の戦争観を規定したもう一つの大きな歴史的要因は、いうまでもなく、その独特の戦後処理のあり方に求められるが、これについては次のように問題を整理することができるだろう。

第一に指摘できるのは、ポツダム宣言の受諾によって行なわれた連合国による日本占領が、事実上はアメリカによる単独占領であったことである。特に、ヨーロッパでの旧枢軸諸国に対する占領と決定的に異なっていたのは、日本の場合、占領管理体制を根拠づける国際的な協定や取り決めがないままに、「マッカーサーの占領」が進行していったことである(豊下楢彦『日本占領管理体制の成立』岩波書店、一九九二年)。これによって日本占領の場合、アメリカのむき出しの国益が占領政策に色濃く反映するようになったばかりでなく、戦争観などの価値観の面でもアメリカの影響を直接に蒙るようになったのである。

第二には、冷戦への移行の中で、日本を西側陣営に組み入れるための政治的配慮があらゆる問題に優先するようになり、対日講和がしだいに戦後処理としての性格を喪失していったことがあげられる。その結果、対日講和は、戦争責任問題の処理という側面からみれば、明らかに日本にとっては、「寛大な講和」となった。

そして、第三には、アジア諸国の国際的地位が低く、なおかつ極東においてはアメリカの圧倒的覇権が確立しているという国際環境の下で、日本の戦後処理が慌しく進められたことである。このため、侵略戦争の最大の犠牲者であったアジア諸国の独自の要求は、その過程でほとんど無視され、これらの諸国はアメリカの冷戦政策に同調するほかない状況の下に置かれたのである。その結果、日本人は最大の犠牲者からの刺すような批判の眼差しを意識することなしに、あるいは、加害者としての自己を認識する機会をほとんど持つことなしに、経済復興とその後の高度経済成長に専念できるようになった。

同時に、このような状況の下で、ある種のダブル・スタンダードが成立して歴代の保守党内閣が国内的には戦争責任を否定する立場をとったため、自衛戦争か、侵略戦争かという戦争の評価をめぐる問題が、「保守」と「革新」をわかつ分水嶺となった。このことの持つ意味は重要である。なぜなら、このような政治的対峙関係の下では、国民自身の加害責任や戦争責任という最もデリケートで深刻な問題は、革新陣営の内部においてさえ、解決を要すべき差し迫った課題とはならなかったからである。

以上のような歴史的背景の下で、それではどのような戦争観が日本社会の中で形成されてくることになったのだろうか。

第一に指摘できるのは、軍隊や戦争に対する強い忌避感が日本社会の中に根強く存在することである。広範な反核意識や憲法第九条に対する支持率の高さがそれをよく示しているが、軍事組織そのものに対する信頼度の低さという点でも、日本の場合はきわだっている。表24は八〇年代の初頭に行なわれた国際的な世論調査の結果を示しているが、軍隊の持つ社会的威信の低さは、日本の場合、歴然としている。また、九一年にNHKとABCが共同で実施した先の世論調査でも、自国の軍隊を「非常に信頼」しているとした人の割合は、アメリカの四七%に対し、日本は一〇%にすぎない(前掲「日米開戦から五〇年」)。

さらに、国家に対する軍事的忠誠心の希薄さという点でも日本の事例はきわだっている。

### 表 24　軍隊(自衛隊)に対する信頼度

ヨーロッパ価値観システム研究グループ(EVSSG)が各国の研究機関の協力をえて，1981 年 3 月から 1982 年 5 月に実施したもの

(単位%)

| | 日 | 英 | 仏 | 西独 | 伊 | 米 | 加 |
|---|---|---|---|---|---|---|---|
| 非常に信頼する | 6.6 | 38.1 | 14.3 | 11.3 | 18.1 | 37.3 | 18.2 |
| かなり信頼する | 29.6 | 43.2 | 39.5 | 42.9 | 40.2 | 42.0 | 39.5 |
| あまり信頼しない | 46.8 | 15.4 | 21.9 | 36.5 | 27.1 | 17.1 | 31.6 |
| 全く信頼しない | 12.7 | 2.1 | 19.0 | 9.0 | 14.6 | 3.0 | 7.3 |
| 答えない・その他 | 4.3 | 1.2 | 5.3 | 0.5 | 0.0 | 0.6 | 3.4 |

(余暇開発センター『「日米欧価値観調査」7 カ国データ・ブック』1985 年)

電通総研と余暇開発センターが八九年から九〇年にかけて世界一〇カ国で実施した世論調査によれば、「仮に戦争になったら進んでわが国のために戦うか」との問いに、「戦う」と答えた人の割合は、韓国八五%、アメリカ七〇%、スペイン四七%などで、日本は最下位の一〇%だった(『毎日新聞』一九九一年六月一二日付)。

第二には、そうした平和主義的な意識が、被害者的色あいの濃い戦争観と表裏一体の関係にあったことである。このため、戦後の国際紛争に際しても、日本が日米安全保障条約の下での対米協力によって他国に対する加害者の立場に立たされているという冷厳な事実は意識の外におしやられ、むしろ戦争にまきこまれることを拒否する立場から自国の対外的スタンスを定めようとする姿勢を国民の間に生んだ。同時に、そのような意識のありようは、「経済大国」

**表 25　湾岸危機への各国民の反応**

問　昨年8月，イラクがクウェートに軍事侵攻し湾岸危機が起こったとき，次にあげるような面で，あなたがとくに心配したり，不安に思ったことがあれば，いくつでもあげて下さい．

| | 日 | 米 | 英 | 独 | 仏 | ソ |
|---|---|---|---|---|---|---|
| 軍事衝突の可能性 | 45% | 55% | 46% | 65% | 52% | 59% |
| 核兵器や化学兵器の使用 | 53 | 66 | 73 | 72 | 56 | 61 |
| 人質の処遇 | 31 | 43 | 40 | 37 | 35 | 13 |
| 石油危機や国民生活への影響 | 71 | 35 | 29 | 35 | 27 | 15 |
| 世界の緊張緩和(デタント)の逆行 | 16 | 14 | 16 | 19 | 8 | 30 |
| 国連の対応 | 12 | 14 | 12 | 18 | 11 | 9 |
| (それぞれの国の)政府の対応 | 43 | 21 | 15 | 12 | 19 | 26 |
| その他 | — | 4 | 2 | 5 | 2 | 1 |
| 関心がなかった | 3 | 1 | 1 | 2 | 3 | 2 |
| 答えない | 2 | 2 | 2 | 6 | 3 | 4 |

＊日本側調査は全国3000人の有権者を対象に読売新聞社が実施(回収率72%)，その他の国の調査は米ギャラップ社および同社と提携する各国の調査機関が実施，調査時期は1991年1～2月．
(『読売新聞』1991年3月30日付夕刊)

化に伴ってある程度の「豊かさ」が達成されるようになると、経済主義的な戦争観とでもいったものに転化する。表25は、湾岸危機の際の各国民の反応を示した世論調査だが、日本の場合、「石油危機や国民生活への影響」を危惧する者の割合が高いという特徴が、はっきりと現われている。和田進が指摘するように、日本の場合、他国と比較して、戦争が自国の国民生活に及ぼす影響についての関心が著しく高く、そこには、「『平和』を『経済問題』とのかかわりで意識するという特徴が端的に示されている」のである(「経済大国化と国民意識の変貌」、渡辺治ほか『「憲法改正」批判』労働旬報社、一九九四年)。

第三に、戦後の日本人の戦争観はある意味では特殊な国際環境の所産であるため、常にそうした国際環境の変化に直接連動する形で、従来の戦争観の見直しがはかられるという特徴がみられることである。具体的にいえば、日中国交回復、アジア諸国の国際的地位の向上、冷戦体制の崩壊といった国際的な変化を直接のきっかけとした転換がそれだが、このような外的な要因に起因する形で戦争観の見直しが進むという状況の下では、ややもすれば従来の戦争観との深い内面的対決は曖昧にされ棚上げにされる傾向にある。

言葉をかえていえば、従来の戦争観との本質的な葛藤なしに、対外的必要に応じる形で過去の戦争の歴史の読み替えが行なわれるということになるが、そのことは日本人の戦争観に独特の歪みをもたらす。なぜなら、そのような読み替えと日本人のナショナル・アイデンティティとの緊張関係がある臨界点に達した時、偏狭で攻撃的なナショナリズムが噴出する可能性が、そこにははらまれているからである。その点では、最近の日本外交に、「土下座外交」、あるいは「謝罪外交」といった非難をなげつける勢力が根強く存在している事実は軽視されてはならないだろう。

いうまでもなく、自国がかかわった戦争の評価は、その国のナショナル・アイデンティティの根幹にふれる深刻な問題である。それだけに、戦争の評価をめぐる各国間の見解の対立はナショナリズムの不毛な応酬に終わる危険性を常にはらんでいる。そうした不幸な事態を回避するためには、それぞれの国民が自国民の戦争観にはらまれる歪みを冷静に検証することが必要となる。そして、そうした姿勢を意識的にとることができないのなら、そのことは私たちが未だに過去の歴史をまさに歴史として対象化できていないこと、すなわち、私たちが未だに「戦争の時代」を生きていることを意味しているといえるだろう。

# あとがき

一九五四年生まれの私には、当然のことながら戦争にかかわる直接の記憶は全くない。ただ、それでも、敗戦後一〇年足らずの間に生まれた世代に属しているため、戦争に関する間接的な記憶が自分自身の中ではっきりと息づいているのを、今でも感じる。思いつくままにあげてみても、近所の農家の仏壇の中にあった戦死者の遺影と線香の匂い、友人のY君が手のひらで包むようにしてみせてくれた米軍戦闘機P51の機関銃弾の空薬莢《からやっきょう》(と称するもの)、やはりY君の家の納屋で見つけた戦後早い時期の雑誌の戦争特集記事を同級生たちとむさぼり読んだ思い出、その中にあった突入した特攻機の搭乗員の遺体の強烈なイメージ等々である。

そうした諸々の記憶の中でも、とりわけ強い印象を残しているのは、「異文化接触」にかかわるいくつかの小さな出来事である。一つは、小学校の高学年の頃だったと思うが、隣りに住んでいたアメリカ人の少年に「戦争もの」の載ったアメリカのコミック誌をみせてもらった時にうけた衝撃である。そこでは、丸いメガネをかけ、目のつりあがった狡猾で獰猛なイメージの日本兵がたびたび登場するだけではなく、当時の私にとっては、ある種の畏敬の念の対象であった特攻隊員すら、「南無妙法蓮華経」と書かれた奇妙な特大の鉢巻をまき、うすら笑いをうかべながらゲームのように殺人を楽しむ殺人鬼としてえがかれていたのである。

日本兵がなぜか青竜刀を持っていることに子供ながら強い義憤のようなものを感じたこと、いっしょに見ていたそのアメリカ人の少年が、日本兵が登場する場面では気恥しそうな、すまなそうな顔をしたことを今でもよく覚えている。ちなみに、その子の母親は日本人だった。今からすれば、ステレオタイプ化された典型的な日本兵のイメージに初めて接触したことになるが、日本人がそのようなタイプの人間としてえがかれていること自体が、大きなショックだった。

もう一つは、その少年の父親につれられて米軍基地の中で初めてアメリカ映画をみせてもらった時の思い出である。映画自体は「怪獣映画」のようなものだったが、この時はアメリカ人の観客の反応に強い違和感を感じた。なぜなら、その怪獣を「退治」するためにアメリカ軍兵士がヘリコプターで出動するシーンになると、場内から大きな歓声があがり指笛が鳴ったからである。率直にいって、いささか異様な感じがした。

その頃の日本の子供たちが熱中していたゴジラやモスラなどの「怪獣映画」でも、自衛隊が出動するシーンがよくあったが、それをみて歓声をあげる日本人がいたら、まちがいなく周囲の人間から、うろんな眼でみられたにちがいない。おおげさにいえば、その時の私は日米間の軍隊観の相違を皮膚感覚で感じていたことになる。

また、世代によって戦争観や軍隊観に大きな違いがあることに、いやおうなしに気づかされたこともあった。炯眼《けいがん》なる読者諸氏はすでにお気づきのことだと思うが、少年時代の私は正真正銘の「『丸』少年」だった。今風にいえば「軍事オタク」ということになるが、『少年サンデー』、『少年マガジン』、『少年キング』などの「戦記物」はむさぼるように読んだし、『丸』も小学校の高学年ぐらいから愛読していたように思う。高校生時代までは、戦車や軍用機などのプラモデル・マニアでもあった。

そんな私が小学校の時の作文の時間に、航空自衛隊の基地で行なわれた「航空祭」の感想文を書いたことがあった。確か、日本に返還された「零戦」の展示があった年でもあって、軍用機の性能などを得々と説明した内容のものだった。ところが、自分としては、かなりの「自信作」であったにもかかわらず、担任の女性教師の評点はかなり辛いものであったし、作文を返してくれる時の顔つきには明らかな拒絶反応が読みとれた。その中年の女性教師がどのような戦争体験を背負っていたのかは、もうわからないが、自分自身の戦争観や軍隊観といったようなものに、「ノー」の意思表示がされた恐らく最初の体験として、この出来事も強く印象に残っている。

ただ、韓国人や中国人から同様の意思表示をされた経験は全くない。そのことは恐らく、本書でとりあげたようなこの国の戦後史のあり方と深くかかわっているにちがいない。

ともあれ、こうした自分史の中の小さなエピソードは、深層心理のどこかで、自分自身の研究者としての問題意識を強く規定しているように思えてならない。本書の狙いの一つは、戦争観の相剋に焦点をあわせて、この国の戦後史をえがいてみることにあったが、そのような問題意識の原点には、異なる戦争観の存在を強く意識させられた右のような体験があったように自分では感じられるからである。

本書のもう一つの狙いは、いささか気負った言い方になるが、戦後史をいわば歴史として対象化することである。当然のことではあるが、戦後生まれの私たちの世代は、一五年戦争そのものに対する当事者意識をほとんど持ちあわせてはいない。その点では、戦争体験世代が、同胞の死を無意味なものと思いたくないという心情のゆえに、過去の戦争に何らかの形で「正」の意味づけを与えがちなのに対して、そうした形での思い入れからは、無意識のうちに距離のある位置に自分自身を置いている。

私個人の場合でも、一五年戦争がまぎれもない侵略戦争であったことは、いわば自明の前提であって、あえて極端な言い方をするならば、それが侵略戦争なのか、それとも自衛のための戦争なのかといった論争それ自体には個人的にはあまり興味がない。むしろ、旧時代の遺物としか思えないような自衛戦争論が、なぜこの国ではかなりの影響力を持ち続けてきたのか、その背景は何か、といった問題の方に自然に関心が向いてしまう。

もちろん、戦争に関するタブーを幾重にもはりめぐらしてきたこの国にあって、一五年戦争の歴史そのものと向きあうことの重要性は、どんなに強調しても強調しすぎるということはないが、その戦争を戦後の日本社会がどのような形で取り扱ってきたのかという広い意味での戦後処理の問題を視野に入れることによって初めて、日本人の一五年戦争観は首尾一貫したものになるという思いが強い。

ところで、本年三月一六日の衆院外務委員会の席上で、戦後生まれの高市早苗議員(新進党)は、「不戦決議」に反対する立場からかつての戦争の謝罪の問題に言及し、「少なくとも私自身は、当事者とは言えない世代ですから、反省なんかしておりません、反省を求められるいわれもないと思っております」と言い切った。さすがに、この時は河野洋平外相から、「過去の戦争について全く反省もしない、謝罪をする意味がないという議員の御発言には私は見解を異にする」と反駁されているが、高市議員の議論ではきわめて基本的なある事実がみごとなまでに無視されている。

すなわち、右に述べた戦後処理の問題については、はっきりとした形での過去の清算が行なわれない限り、私たち戦後生まれの世代も依然として当事者であるという事実である。その意味では本書の主たる鋒先は、林房雄流の「大東亜戦争肯定論」よりは、高市議員のような新たな免責論に向けられている。

なお、本書は、『世界』一九九四年九〜一一月号、および一九九五年一〜五月号に連載された「日本人の戦争観——戦後史の中で」に加筆したものである。連載中は同誌編集部の山崎貫、鈴木忠行の両氏に、単行本にまとめる段階では岩波書店編集部の坂巻克巳氏に大変御世話になった。執筆という営みが著者と編集者の共同の作業であることを実感させられた点でも私にとっては貴重な経験となった。

また、一橋大学社会学部の山本公徳君、同大学院の木村卓滋君には資料収集の面で協力を得たし、同じ社会学部の学生で私のゼミに所属していた遠藤竜太君からは軍事マニアの立場からいろいろと教えていただいた。ともに記して感謝の意を表したい。

一九九五年五月

吉田　裕

# 文庫版のためのあとがき

## ダブル・スタンダードの動揺

本書の刊行から、一〇年の月日が流れようとしている。本書の基になったのは、「戦後五〇年」という歴史的な節目を前にして、『世界』に八回にわたって連載した「日本人の戦争観――戦後史の中で」である。同時代史的な分析の常として、問題の持つ歴史的ひろがりを充分にとらえきれていない限界があることは自分でも自覚しているが、「戦争観」や「戦争の記憶」の問題を歴史学による本格的な分析の対象としてすえたという点では、多少の意義を有していたようにも思う。幸い本書は、日本国内で版を重ねただけではなく、二〇〇〇年には中華人民共和国で、二〇〇四年には韓国で訳書が刊行された。今、ここでは、岩波現代文庫への収録にあたって、「日本人の戦争観」をめぐるその後の歴史的展開を概観しながら、本書の分析の妥当性や問題点について自分なりに考えてみたい。

本書の提示した最大の論点は、日本の戦後史を特徴づけてきた戦争責任問題をめぐるダブル・スタンダードが、一九八〇年代から九〇年代にかけて大きく動揺したことである。ダブル・スタンダード自体は未だに崩壊していないが、戦争と植民地支配の歴史に対する反省という方向を打ち出した日本政府の姿勢はその後も変わっていない。例えば、一九九三年に成立した細川内閣以降、現在の小泉内閣に至るまで、終戦記念日(正式には、「戦没者を追悼し平和を祈念する日」)の際の首相式辞には、アジア諸国に悲惨な犠牲をもたらしたことに対する反省の文言が必ずもりこまれているし、村山内閣以降の歴代内閣も、「戦後五〇年に当たっての首相談話」(いわゆる村山談話)の立場を継承することを確認している。

国民意識の面でも同様である。二〇〇〇年五月にNHKが実施した世論調査、「日本人の戦争観」(牧田徹雄「日本人の戦争と平和観」『放送研究と調査』二〇〇〇年九月号)によれば、「先の戦争は、アジア近隣諸国に対する侵略戦争だった」という評価に対する回答は、「そう思う」＝五一％、「そうは思わない」＝一五％、「昔のことだから、自分には関係ない」＝七％、「わからない・無回答」＝二八％、「先の戦争は、資源の少ない日本が生きるために、やむを得ないものだった」という評価に対する回答は、「そう思う」＝三〇％、「そうは思わない」＝三五％、「昔のことだから、自分には関係ない」＝四％、「わからない・無回答」＝三一％である。これを、一九八二年一〇月実施のNHKの調査(本書、一二頁)と比較してみると、侵略戦争と認識している人の割合は変わらないものの、侵略戦争とは思わない人の割合と、やむを得ない戦争だったと考える人の割合が減少していることがわかる。

注目すべきことは、昭和天皇の戦争責任に関するマスコミのタブーが崩れつつあることである。天皇の戦争責任を追及したハーバート・ビックスの『昭和天皇(上)・(下)』(講談社、二〇〇二年)が大手出版社から出版されベストセラーとなった事実は、そのことを象徴している。また、二〇〇一年八月一五日付の『朝日新聞』社説は、「戦後の原点に立ち返るとき、どうしても避けて通れないのは、昭和天皇の戦争責任をめぐる問題である」とした上で、「陸海軍を統帥し、すべて天皇の名において『皇軍』への命令が下されたことを考えてもやはり天皇の戦争責任は免れない、というほかあるまい」と結論づけた。終戦記念日における主要全国紙の社説の中で、昭和天皇の戦争責任問題が正面から論じられたのは、これが初めてである(ただし、日本政府は昭和天皇の戦争責任を一貫して否定している)。

## 歴史修正主義の台頭

しかし、侵略戦争認識が定着し始める一方で、これに逆行する動きが、一九九〇年代半ば頃から急速に台頭してくることになる。政府レベルで重要なのは、小泉純一郎首相が中曽根内閣以来中止されていた靖国神社参拝を再開したことである。当初公言していた終戦記念日の参拝は、内外からの批判に押されて断念したものの、小泉首相は二〇〇一年八月一三日の参拝を皮切りにして、以後、毎年の参拝をくり返している。現在、この問題は日中・日韓関係悪化の最大の要因となっている。

民間レベルでは、かつての侵略戦争を正当化しようとする、いわゆる歴史修正主義の潮流が拡大したことがあげられる。日本社会が全体としては、侵略戦争と植民地支配の歴史に対する反省という方向に舵を切り始めると、加害責任を認めようとしない諸勢力は、「自虐史観」や「東京裁判史観」の克服というスローガンを掲げて、この転換に抵抗した。そして、一九九七年一月に「新しい歴史教科書をつくる会」が結成されると、これらの勢力は、現行の歴史教科書への攻撃と同会が作成した教科書の採択運動に大きな力を注ぐようになる。八〇年代半ばから九〇年代にかけて、日本政府の政策転換もあって、日本の歴史教科書はかなり改善され、慰安婦・南京事件・七三一部隊・強制連行などの加害記述がいっせいに登場するようになったことが、この背景にある。

「新しい歴史教科書をつくる会」の歴史教科書は、二〇〇一年四月に文部科学省による検定に合格したものの、全国的な採択数はごくわずかであり、加害記述を排除するために、検定が八〇年代初めと同じ水準にまで再強化されたという事実はない。しかし、歴史修正主義の圧力の下で、教科書会社がある種の自主規制を行ない、加害記述を自主的に削除しているのは、軽視することのできない深刻な問題である。事実、この間、教科書からは、戦争責任や加害責任に関する記述が確実に減り始めているのである(「教科書から消される『戦争の歴史』『週刊金曜日』二〇〇四年八月六日・二〇日号）。二〇〇五年は教科書採択の年にあたっており、靖国問題とならんで教科書問題が日中・日韓関係をさらに悪化させる可能性がある。

## 逆流の背景

本書では、侵略戦争と植民地支配の歴史に対する反省という方向への転換が対外的必要性を優先させる形で行なわれたこと、したがって、そうした転換に見合う形での歴史認識の成熟が、日本社会においてみられる訳ではないことを重視した。その上で、状況次第では、この国において攻撃的ナショナリズムが台頭する可能性があることに警鐘を鳴らしたつもりだが、歴史修正主義の台頭は、この予想を裏づけるものとなった。しかし、首相の靖国神社参拝の再開や歴史教科書記述の後退については、充分予想することができなかった。全体としてみた時、本書執筆の時点では、「保守の英知」に対する過大な評価があったように思う。保守派が日本の政治大国化を、とりわけアジア地域で志向するなら、その障害となる歴史認識の問題では、もう少し洗練された歴史認識を身につけたグループが、その主流になるだろうし、逆流が生じた場合には、このグループが主導権を発揮して、保守政治を本来の軌道の上に引きもどすと考えていたからである。しかし、現実は、必ずしも、そうならなかった。なぜだろうか。次に逆流の生じた歴史的背景について少し考えてみたい。

第一に指摘することができるのは、戦争体験世代の大幅な減少である。二〇〇三年一〇月一日現在で六五歳以上の人口は全人口の一九・一%にすぎないが(矢野恒太記念会編『日本国勢図会 二〇〇四／〇五年版』矢野恒太記念会、二〇〇四年)、この年齢層が小学校(当時は国民学校)入学以上の年齢で敗戦をむかえた世代にほぼ該当している。これらの戦争体験世代の多くは、その悲惨な戦争体験を通じて、軍隊や戦争に対する強い忌避感を、すなわち、

表 26　軍隊に対する信頼度

（単位%）

| | 日 | 英 | 仏 | 独 | 伊 | 米 | 加 |
|---|---|---|---|---|---|---|---|
| 非常に信頼する | 8.5 | 25.5 | 15.4 | 5.7 | 10.8 | 33.8 | 16.9 |
| やや信頼する | 53.0 | 55.6 | 46.6 | 46.8 | 39.4 | 47.6 | 48.8 |
| あまり信頼しない | 25.6 | 13.9 | 19.4 | 34.0 | 37.0 | 14.6 | 26.4 |
| 全く信頼しない | 4.5 | 2.5 | 15.5 | 7.4 | 10.1 | 3.2 | 6.1 |
| わからない・無回答 | 8.4 | 2.5 | 3.2 | 6.2 | 2.6 | 0.8 | 2.0 |

（電通総研・日本リサーチセンター編『世界 60 カ国 価値観データブック』同友館，2004 年）

「戦争や軍隊は、もうこりごりだ」という意識を身につけて戦後史を生きてゆくことになる。保守・革新という政治的枠組みを越えて形成されたこうした意識こそ、被害者意識に著しく傾斜しているとはいえ、戦後日本社会における平和意識の強固な基盤を形成していた。一九八〇年代初頭に行なわれた国際的な世論調査の結果をみても、自国の軍事組織（自衛隊）に対する日本人の信頼度の低さは、きわだっている（本書、二六五頁）。そこには、戦争体験世代の軍隊や戦争に対する強い忌避感が反映しているといえよう。

ところが、その後、状況はかなり変化した。世界価値観調査協会が一九九九年から二〇〇〇年にかけて行なった国際的な世論調査の結果から作成したのが表26だが、ここ二〇年弱ほどの間に、自衛隊に対する信頼度が目にみえて回復しているのがわかる。もっとも、この調査によれば、「もし戦争が起こったら、国のために戦うか」との質問に対して、「はい」と答えた人の割合は、アメリカ＝六三・三%、イタリア＝五一・八%、ドイツ＝三三・三%、フランス＝四九・二%、ロシア＝六三・八%、韓国＝七四・四%、中国＝八九・九%、等々であるのに対して、日本は一五・六%であり、データを得られた国の中では最下位である。その意味では、小沢一郎氏がいうような意味での「普通の国」に日本が完全に変貌をとげた訳では決してないが、戦争体験世代の減少が、この国の戦争観に無視することのできない影響を及ぼしているのは確かである。

ちなみに、政治家の場合でも、戦争体験を持たない若手の政治家ほど、自衛隊の海外派遣に積極的であり、中国や韓国に対しても高圧的であるということが、しばしば指摘されている。参考までに国会議員の年齢別構成を見てみると、小学校入学以上の年齢で敗戦をむかえた議員の割合は、二〇〇四年八月時点で、衆議院＝約一六%、参議院＝約二三%である(『国会便覧　第一一四版』日本政経新聞社、二〇〇四年)。戦争体験の有無でみる限り、政治家の世代交代は著しいことが判明する。

第二の背景は、若者の意識の変化である。すでにふれたNHKの世論調査を世代別にみてみると、実は大きな変化が生じていた。一九八二年調査の場合、「侵略の歴史だ」という評価に対して、「そう思う」と答えた人の割合は、全体で五一%、一六歳以上で五七%、二〇歳以上で五四%、三〇歳以上で五五%、四〇歳以上で四九%、五〇歳以上で五二%、六〇歳以上で四二%である。若い世代ほど侵略戦争という認識が高いことがわかる。これに対して、二〇〇〇年調査の場合、「侵略戦争だった」という評価に対して、「そう思う」と答えた人の割合は、全体で五一%、一六歳以上で四三%、二〇歳以上で四二%、三〇歳以上で五一%、四〇歳以上で五六%、五〇歳以上で五五%、六〇歳以上で五〇%だった。つまり、若い世代ほど侵略認識が希薄だということになる。同時に、この二つの世論調査では、侵略戦争という評価に対して、「わからない・無回答」を選択した人の割合が若い世代でかなり増大していることも見逃すことができない。

こうした変化は、他の世論調査でも確認することができる。朝日新聞社が二〇〇四年四月に実施した世論調査によれば、小泉首相の靖国神社参拝を、「良いことだ」とする人が四二%、「やめるべきだ」とする人が三九%であり、八〇年代の世論調査と比較すると、賛成派の減少、反対派の増大が目立っている。しかし、この調査を世代別に見てみると、「良いことだ」とする人の割合は、七〇歳以上で五二%、二〇代で四六%、二〇代の男性では五五%となり、戦争体験世代と並んで若者の支持がかなり高い(『朝日新聞』二〇〇四年四月二〇日付)。

若者の間に生じたこのような変化は、ある意味では当然のことかもしれない。自分の両親すら戦争体験を有していない世代の若者が侵略戦争という非難に直面した時、戸惑いや反発を感じるのは、それ自体としては自然なことだからである。ましてや、戦後の日本社会は、戦争責任の問題を棚上げにしながら、経済復興と高度成長に専念してきたという経緯がある。そして、そうした社会のあり方が八〇年代から九〇年代にかけて変わり始めた時、戦争の直接の当事者であった世代は、完全な少数派となっていたのである。戦後の歴史学や歴史教育は、戦争と軍国主義の時代を二度と体験したくないという深い国民的実感を前提にしたところに成立していた。しかし、その実感を共有することのできない新しい世代が多数派になることによって、従来の歴史学や歴史教育そのものの有効性が問われる時代に入ったともいえるだろう。

## 今後の研究課題

最後に、方法的な面での本書の限界についても簡単に指摘しておきたい。一つは、各々の国民国家における記憶のあり方を問題にする「戦争の記憶」研究にかかわる問題である。今、あらためて本書を読み返してみると、戦争観の偏りやバイアスといった類の表現がくり返し登場してくることに気づかされる。そこでは、侵略戦争という客観的事実を正確に写し取った戦争観があらかじめ存在し、その戦争観を基準にして他の戦争観の偏差を測定するという方法が無意識のうちに採られているように思われる。しかし、近年の「戦争の記憶」研究が提起したのは、各々の記憶は、固有の基盤と固有の論理とを持ち、そうした記憶のせめぎあいの中から新しい記憶が形成されるという問題ではなかったか。その点では本書の分析は、戦争観のせめぎあいを問題にはしているものの、より客観的で、より論理的・合理的な戦争観に最終的には収斂してゆくという前提に立っているように自分でも感じられるし、記憶をめぐる相剋の複雑な過程を、とらえ切れていないという批判もありうるだろう。

もう一つの限界は、日本対アジアというごく一般的な枠組みの中でしか、戦争観をめぐるせめぎあいを分析できなかったことである。二〇〇四年一二月に内閣府が発表した「外交に関する世論調査」によれば、中国に「親しみを感じる」と答えた人の割合は三七・六％で調査開始以来の最低、これに対して韓国に「親しみを感じる」と答えた人の割合は、五六・七％で過去最高となった（『朝日新聞』二〇〇四年一二月一九日付）。日中と日韓の間でなぜこのような落差が生じるのか。その一方で中韓の間でも高句麗をめぐる歴史論争のように、相互のナショナリズムの衝突がみられることを考えるならば、東アジアという場を設定し、その中で、日本・中国・韓国の戦争観や「戦争の記憶」の相互関連を分析するような手法が必要となるだろう。最近出版された谷口誠『東アジア共同体』（岩波新書、二〇〇四年）は、ＥＵ（欧州連合）やＮＡＦＴＡ（北米自由貿易協定）とならぶ地域統合として、東アジア共同体の構築を提唱しているが、そうした構想を現実化してゆくためにも、東アジアという場の中で問題を考えるべきだと思う。この点も、今後の私の課題としたい。

二〇〇五年一月

吉田　裕

本書は一九九五年七月、岩波書店から刊行された。

# 人名索引

## あ 行



## か 行

## さ 行



## た 行

な 行



は 行



ま 行

## や 行



## ら 行



## わ 行

日本人の戦争観──戦後史のなかの変容

2005年2月16日　第1刷発行
2023年7月25日　第11刷発行

著　者　吉《よし》田《だ》 裕《ゆたか》

発行者　坂本政謙

発行所　株式会社 岩波書店
〒101-8002 東京都千代田区一ツ橋2-5-5

案内 03-5210-4000　営業部 03-5210-4111
https://www.iwanami.co.jp/

印刷・精興社　製本・中永製本


ISBN 978-4-00-603107-7　Printed in Japan

# 岩波現代文庫創刊二〇年に際して

二一世紀が始まってからすでに二〇年が経とうとしています。この間のグローバル化の急激な進行は世界のあり方を大きく変えました。世界規模で経済や情報の結びつきが強まるとともに、国境を越えた人の移動は日常の光景となり、今やどこに住んでいても、私たちの暮らしは世界中の様々な出来事と無関係ではいられません。しかし、グローバル化の中で否応なくもたらされる「他者」との出会いや交流は、新たな文化や価値観だけではなく、摩擦や衝突、そしてしばしば憎悪までをも生み出しています。グローバル化にともなう副作用は、その恩恵を遥かにこえていると言わざるを得ません。

今私たちに求められているのは、国内、国外にかかわらず、異なる歴史や経験、文化を持つ「他者」と向き合い、よりよい関係を結び直してゆくための想像力、構想力ではないでしょうか。

新世紀の到来を目前にした二〇〇〇年一月に創刊された岩波現代文庫は、この二〇年を通して、哲学や歴史、経済、自然科学から、小説やエッセイ、ルポルタージュにいたるまで幅広いジャンルの書目を刊行してきました。一〇〇〇点を超える書目には、人類が直面してきた様々な課題と、試行錯誤の営みが刻まれています。読書を通した過去の「他者」との出会いから得られる知識や経験は、私たちがよりよい社会を作り上げてゆくために大きな示唆を与えてくれるはずです。

一冊の本が世界を変える大きな力を持つことを信じ、岩波現代文庫はこれからもさらなるラインナップの充実をめざしてゆきます。

（二〇二〇年一月）

S312
## 増補 隔離
―故郷を追われたハンセン病者たち―

徳永　進

らい予防法が廃止され、国の法的責任が明らかになった後も、ハンセン病隔離政策が終わり解決したわけではなかった。回復者たちの現在の声をも伝える増補版。〈解説〉宮坂道夫

S313
## 沖縄の歩み

国場幸太郎
新川　明
鹿野政直 編

米軍占領下の沖縄で抵抗運動に献身した著者が、復帰直後に若い世代に向けてやさしく説き明かした沖縄通史。幻の名著がいま蘇る。〈解説〉新川　明・鹿野政直

S314
## ぼくたちはこうして学者になった
―脳・チンパンジー・人間―

松本　元
松沢哲郎

「人間とは何か」を知ろうと、それぞれ新たな学問を切り拓いてきた二人は、どのような生い立ちや出会いを経て、何を学んだのか。

S315
## ニクソンのアメリカ
―アメリカ第一主義の起源―

松尾文夫

白人中産層に徹底的に迎合する内政と、中国との和解を果たした外交。ニクソンのしたたかな論理に迫った名著を再編集した決定版。〈解説〉西山隆行

S316
## 負ける建築

隈　研吾

コンクリートから木造へ。「勝つ建築」から「負ける建築」へ。新国立競技場の設計に携わった著者の、独自の建築哲学が窺える論集。

S317
## 全盲の弁護士 竹下義樹
小林照幸

視覚障害をものともせず、九度の挑戦を経て弁護士の夢をつかんだ男、竹下義樹。読む人の心を揺さぶる傑作ノンフィクション！

S318
## 一粒の柿の種
—科学と文化を語る—
渡辺政隆

身の回りを科学の目で見れば…。その何と楽しいことか！ 文学や漫画を科学の目で楽しむコツを披露。科学教育や疑似科学にも一言。〈解説〉最相葉月

S319
## 聞き書 緒方貞子回顧録
野林健
納家政嗣 編

「人の命を助けること」、これに尽きます——。国連難民高等弁務官をつとめ、「人間の安全保障」を提起した緒方貞子。人生とともに、世界と日本を語る。〈解説〉中満泉

S320
## 「無罪」を見抜く
—裁判官・木谷明の生き方—
木谷明
山田隆司
嘉多山宗 聞き手・編

有罪率が高い日本の刑事裁判において、在職中いくつもの無罪判決を出し、その全てが確定した裁判官は、いかにして無罪を見抜いたのか。〈解説〉門野博

S321
## 聖路加病院 生と死の現場
早瀬圭一

医療と看護の原点を描いた『聖路加病院で働くということ』に、緩和ケア病棟での出会いと別れの新章を増補。〈解説〉山根基世

S322
## 菌世界紀行
―誰も知らないきのこを追って―
星野 保

大の男が這いつくばって、世界中の寒冷地にきのこを探す。雪の下でしたたかに生きる菌たちの生態とともに綴る、とっておきの〈菌道中〉。〈解説〉渡邊十絲子

S323-324
## キッシンジャー回想録 中国(上・下)
ヘンリー・A・キッシンジャー
塚越敏彦ほか訳

世界中に衝撃を与えた米中和解の立役者であるキッシンジャー。国際政治の現実と中国の論理を誰よりも知り尽くした彼が綴った、決定的「中国論」。〈解説〉松尾文夫

S325
## 井上ひさしの憲法指南
井上ひさし

「日本国憲法は最高の傑作」と語る井上ひさし。憲法の基本を分かりやすく説いたエッセイ、講演録を収めました。〈解説〉小森陽一

S326
## 増補版 日本レスリングの物語
柳澤 健

草創期から現在まで、無数のドラマを描きる日本レスリングの「正史」にしてエンターテインメント。〈解説〉夢枕 獏

S327
## 抵抗の新聞人 桐生悠々
井出孫六

日米開戦前夜まで、反戦と不正追及の姿勢を貫きジャーナリズム史上に屹立する桐生悠々。その烈々たる生涯。巻末には五男による〈親子関係〉の回想文を収録。〈解説〉青木 理

## 岩波現代文庫［社会］

S328
### 人は愛するに足り、真心は信ずるに足る
―アフガンとの約束―
中村 哲
澤地久枝（聞き手）

戦乱と劣悪な自然環境に苦しむアフガンで、人々の命を救うべく身命を賭して活動を続けた故・中村哲医師が熱い思いを語った貴重な記録。

S329
### 負け組のメディア史
―天下無敵 野依秀市伝―
佐藤卓己

明治末期から戦後にかけて「言論界の暴れん坊」の異名をとった男、野依秀市。忘れられた桁外れの鬼才に着目したメディア史を描く。〈解説〉平山 昇

S330
### ヨーロッパ・コーリング・リターンズ
―社会・政治時評クロニクル 2014-2021―
ブレイディみかこ

人か資本か。優先順位を間違えた政治は希望を奪い貧困と分断を拡大させる。地べたから英国を読み解き日本を照らす、最新時評集。

S331
### 増補版 悪役レスラーは笑う
―「卑劣なジャップ」グレート東郷―
森 達也

第二次大戦後の米国プロレス界で「卑劣な日本人」を演じ、巨万の富を築いた伝説の悪役レスラーがいた。謎に満ちた男の素顔に迫る。

S332
### 戦 争 と 罪 責
野田正彰

旧兵士たちの内面を精神病理学者が丹念に聞き取る。罪の意識を抑圧する文化において豊かな感情を取り戻す道を探る。

S333
## 孤塁
―双葉郡消防士たちの3・11―
吉田千亜

原発が暴走するなか、住民救助や避難誘導、原発構内での活動にもあたった双葉消防本部の消防士たち。その苦闘を初めてすくいあげた迫力作。新たに「『孤塁』その後」を加筆。

S334
## ウクライナ 通貨誕生
―独立の命運を賭けた闘い―
西谷公明

自国通貨創造の現場に身を置いた日本人エコノミストによるゼロからの国づくりの記録。二〇一四年、二〇二二年の追記を収録。〈解説〉佐藤 優

S335
## 「科学にすがるな!」
―宇宙と死をめぐる特別授業―
佐藤文隆
艸場よしみ

「死とは何かの答えを宇宙に求めるな」と科学論に基づいて答える科学者 vs. 死の意味を問い続ける女性。3・11をはさんだ激闘の記録。〈解説〉サンキュータツオ

S336
増補
## 空疎な小皇帝
「石原慎太郎」という問題
斎藤貴男

差別的な言動でポピュリズムや排外主義を煽りながら、東京都知事として君臨した石原慎太郎。現代に引き継がれる「負の遺産」を、いま改めて問う。新取材を加え大幅に増補。

S337
## 鳥肉以上、鳥学未満。
―Human Chicken Interface―
川上和人

ボンジリってお尻じゃないの? 鳥の首はろくろ首!? トリビアもネタも満載。キッチンから始まる、とびっきりのサイエンス。〈解説〉枝元なほみ

S338-339
**あしなが運動と玉井義臣(上・下)**
―歴史社会学からの考察―
副田義也
日本有数のボランティア運動の軌跡を描き出し、そのリーダー、玉井義臣の活動の意義を歴史社会学的に考察。〈解説〉苅谷剛彦

S340
**大地の動きをさぐる**
杉村　新
地球の大きな営みに迫ろうとする思考の道筋と、仲間とのつながりがからみあい、研究は深まり広がっていく。プレートテクトニクス成立前夜の金字塔的名著。〈解説〉斎藤靖二

S341
**歌うカタツムリ**
―進化とらせんの物語―
千葉　聡
実はカタツムリは、進化研究の華だった。行きつ戻りつしながら前進する研究の営みと、カタツムリの進化を重ねた壮大な歴史絵巻。〈解説〉河田雅圭

S342
**戦慄の記録　インパール**
NHKスペシャル取材班
三万人もの死者を出した作戦は、どのように立案・遂行されたのか。牟田口司令官の肉声や兵士の証言から全貌に迫る。〈解説〉大木　毅